Oskar Zerlacher

**Die Oberschwäbische
Barockstraße**

Annäherungen
an ein Himmelreich

Die Oberschwäbische Barockstraße

Annäherungen an ein Himmelreich

Oskar Zerlacher

in Zusammenarbeit
mit dem Südwestfunk
Baden-Baden
mit 195 Farbbildern
und einer Karte

Eulen Verlag

Die Bilder der drei Filme und dieses
Buches wurden erarbeitet von den
Kameramännern:
Jürgen Schaal
Kurt Chmel
Detlev Ruge
Dieter Wolf
Ols Schurich
Udo Wolter (Luftbild)

den Kameraassistenten:
Rainer Bloch
Florian Kostrakiewitsch
Ralf Nowak

dem Fotografen:
Rupert Leser (S. 28, 44, 45)

den Beleuchtern:
Karl-Heinz Granek
Heinrich Vollmer
Jochen Timmel
Reiner Broscheit

Gestaltung und Titelfoto:
Hans Neudecker, Rotis

Dieses Buch entstand in Zusammenarbeit
mit der dreiteiligen Südwestfunk-Dokumentation:
Die Oberschwäbische Barockstraße

Alle Rechte vorbehalten – Printed in Germany
© 1995 EULEN VERLAG Harald Gläser, 79098 Freiburg i. Brsg., Wilhelmstraße 18
Satz/Umbruch: Stückle Druck, Ettenheim
Reproduktion: RETE Repro, Freiburg i. Brsg.
Druck/Einband: Freiburger Graphische Betriebe
ISBN 3-89102-261-1

Ein Buch zum Film

Es mangelt nicht an um Objektivität und Wissenschaft bemühte Literatur über das 18. Jahrhundert in Oberschwaben. Es gibt auch schon einige Filme über einzelne Objekte an der sogenannten „Oberschwäbischen Barockstraße".

Kaum vorhanden sind filmische Versuche, größere Bögen auf dieser Straße zu schlagen, die eine Schöpfung des modernen Tourismus ist. Die Route kann keiner Chronologie folgen, sie wird durch das Thema „Barock in Oberschwaben" zusammengehalten und bildet ein geographisches Gerüst für Reisen in die Geschichte.

Wo liegt, wo lag Oberschwaben? Zentral oder am Rande? „Zentral" lag es wohl nur zu Zeiten des Herzogtums Schwaben. Wobei man bedenken muß, wie relativ die Bedeutung des Begriffs „Zentrum" in der Geschichte des Deutschen Reichs war. Sicher, im 18. Jahrhundert gab es Wien als Zentrum der Macht, daneben aber in diesem Jahrhundert auch das neue Preußen mit Potsdam und Berlin.

Nach ihren empfindlichen Niederlagen in der Schweiz lag für die Habsburger Oberschwaben und der ganze alemannische Raum am Rande; ironischerweise, denn schließlich stammten sie von hier. Sie haben es nie geschafft, in dieser auch „Vorderösterreich" genannten Gegend, die vom Bodensee bis ins Elsaß reichte, ein geschlossenes Herrschaftsgebiet zu installieren. Letztlich aber siegte der Katholizismus in dieser Region (mit Ausnahme der meisten Städte), und insofern war dies katholisches „Herzland" für die habsburgische Politik. Auffallend ist die im 18. Jahrhundert hier anzutreffende Dominanz der geistlichen Herrschaften, besonders der Klöster. Vielfach waren sie von Adligen gestiftet, aus Frömmigkeit und Eigennutz, denn es galt, das Land zu kultivieren und den eigenen minder erbberechtigten Nachwuchs zu versorgen.

Diese Klöster entwickelten sich rasch zu eigenständigen Herrschaften; die Äbte praktizierten eine machtbewußte und auf Gewinn zielende Politik. Sie strebten – was heute noch deutlich sichtbar ist – nach allen Attributen anerkannter Herrschaftsansprüche (Grundherrschaft, Steuerhoheit, Gerichtsbarkeit) und übten auch durchaus ihre Macht als Herrscher eigenständiger politischer Gebilde aus. Das hatte ganz konkrete, harte, regelnde, in gewisser Weise aber auch sozial absichernde Eingriffe in das Leben der Menschen unter diesen Herrschaften zur Folge.

Aller Jubel, die Freude, der Glanz, die gewaltigen Dimensionen der Hinterlassenschaften des Barock, wurden unter den Bedingungen der Leibeigenschaft erwirtschaftet.

Dies sollte man beim Betrachten der Herrlichkeiten, die im Barock geschaffen wurden, nie vergessen. Wenn man diesen Aspekt berücksichtigt, wird eine Reise durch das barocke Oberschwaben allerdings nichts zu tun haben mit dem Abhaken und der nur oberflächlichen Bewunderung obligatorischer Sehenswürdigkeiten.

In den drei Teilen, die jeweils einem 45minütigen Film entsprechen, wird versucht, dieses Thema reisend in einzelne Geschichten aufzuschlüsseln. So wollen weder die Filme noch das Buch ein lückenloser lexikalischer Reiseführer sein, sondern zu eigener, schöpferischer Auseinandersetzung mit der Geschichte des Barock anregen.

Der Südwestfunk, die Gebietsgemeinschaft Oberschwaben und die Europäische Union haben es möglich gemacht, diese drei Filme im 35mm-Format zu drehen. Dabei wird eine so hohe optische Qualität erreicht, daß einzelne jener 25 Bilder, die in jeder Filmsekunde entstehen, als Foto reproduziert werden können - vorausgesetzt, daß die Kamera steht. (Für die Fotografen unter den Lesern: das entspricht etwa einem Kleinbild-Foto mit 1/50 Sek. Belichtungszeit).

Das in diesem Buch verwendete Bildmaterial ist also weitgehend dem Film entnommen; und es vermittelt daher auch nicht die Perspektive des Fotografen, sondern des Kameramanns. Um nur einen recht einfachen Unterschied zu nennen: Es gibt kein Hochformat-Fernsehen oder -Kino. Die Filmkamera „sieht" Querformat wie wir Menschen.

Ich werde in diesem Buch noch gelegentlich auf die Besonderheiten bei den Dreharbeiten eingehen. Solche Episoden sind - ebenso wie persönliche Bemerkungen zu einzelnen Themen - durch graue Schrift von der allgemeinen Beschreibung abgesetzt. Man mag dies als ein Stückchen romantischer Ironie nehmen, eines dramaturgischen Kunstgriffs aus dem letzten Jahrhundert, wenn auf der Bühne über das Stück räsoniert wurde. Dabei schwingt immer etwas Selbstironie mit und die sollte auch den Leser nicht verlassen, wenn er sich mit uns auf die Reise begibt.

Oskar Zerlacher

Der erste Teil:
Von der Route Dauphinée ins Herz Oberschwabens

Wann immer vom Barock in Deutschland die Rede ist, darf eines nicht vergessen werden: diese Art von Kunst gibt es hier erst seit dem Ende des 30jährigen Krieges; und wie Deutschland damals ausgesehen hat, beschreibt der Barockdichter Andreas Gryphius anno 1636 so:

Thränen des Vaterlandes

Wir sind doch nunmehr gantz, ja mehr denn gantz verheeret.
  Der frechen Völcker Schaar, die rasende Posaun,
  Das vom Blut fette Schwerdt, die donnernde Carthaun
Hat aller Schweiß und Fleiß und Vorrath auffgezehret.
Die Thürme stehen in Glut, die Kirch ist umgekehret,
  Das Rathhauß liegt im Grauß, die Starcken sind zerhaun,
  Die Jungfern sind geschänd't, und wo wir hin nur schaun,
Ist Feuer, Pest und Tod, der Hertz und Geist durchfähret.
  Hier durch die Schantz und Stadt rinnt allzeit frisches Blut;
  Dreymal sind schon sechs Jahr, als unser Ströme Flut,
Von Leichen fast verstopfft, sich langsam fort gedrungen;
  Doch schweig ich noch von dem, was ärger als der Tod,
  Was grimmer denn die Pest und Glut und Hungersnoth,
Daß auch der Seelen-Schatz so vielen abgezwungen.

Leer, eisig, unbewohnbar. Dieses riesige Gehöft war einmal im Besitz des Klosters Weingarten. Nach der Bauernbefreiung wurden die Betreiber reich. Mißwirtschaft und Erbstreitigkeiten führten zum Verfall. Ein trauriges Ende als „Kulisse" zu einem 350 Jahre alten Gedicht.

Kann man die gewaltsame „Bekehrung" der Überlebenden treffender beschreiben, als mit dem Verlust der Seele, dieses wertvollsten Schatzes, den wir besitzen?

Von diesem Zeitpunkt an war die Teilung der Welt in eine katholische und eine protestantische endgültig, ganze Stadtbevölkerungen waren zum Protestantismus „abgefallen". Das war der Boden, auf dem die katholische Kirche noch einmal versuchte, über die Sinne, die Augen und die Ohren die Menschen an sich zu binden, verlorene Schafe wieder in den „Mutterschoß der Kirche" zurückzuholen. Das war der Boden für die Gegenreformation.

In Oberschwaben, mit seinen zahlreichen, eigenständigen Klosterherrschaften führte dies zu einem Bauboom, dessen Tempo und Ausmaß in der Geschichte der Region ohne Beispiel ist. Die unfaßbar kurzen Bauzeiten sind nicht zuletzt durch politischen Druck zustande gekommen.

Wer schnell Wirkung auf die Menschen erzielen wollte, mußte schnell und eindrucksvoll bauen: den Baukörper der größten Barockkirche nördlich der Alpen in Weingarten in nur sieben Jahren! Ohne Elektrokran, ohne Stahlbeton und Norm-Steckgerüst! Aber davon später.

Wir begeben uns jetzt nach Ulm, genauer: in die ehemalige Freie Reichsstadt Ulm. Von hier ziehen nach Süden und Südwesten die Hauptrouten der Oberschwäbischen Barockstraße.

Ausgerechnet diese Stadt mit dem höchsten *gotischen* Kirchturm der Welt dient als Ausgangspunkt einer Barockreise! Das alte Ulm war mächtig, reich und sehr früh schon „abgefallen", ein Hort des Protestantismus. Reich wurde es durch seine Geschäftigkeit. Gibt es hier jene Mentalität, in der sich das Schwäbische mit dem Protestantischem zum bürgerlichen Erfolg paart?

Ulm, von der Donau aus gesehen

Zwei Bilder der gleichen Straße stehen für den Blick auf die Geschichte „von oben" und „von unten": Marie Antoinette fuhr hier am 1. Mai 1770 im ersten Grün; und in den dreißiger Jahren unseres Jahrhunderts veranstalteten die Herren vom Motorsportclub Erbach hier flotte Autorennen.

Im sehr harten Winter 1769 aber mußten die Untertanen der diversen Grundherren an der Strecke auf Anordnung des Wiener Hofs die Straße für die junge Dame und ihr 380köpfiges Gefolge präparieren. Eine harte Plackerei im Rahmen sogenannter „ungemessener Hand-, Spann- und Zugdienste".

Wir fahren im Donautal sacht aufwärts. Ein uralter Verkehrsweg ist das. Davon spürt man nur wenig auf der hektischen B 311. Aber ein paar Kilometer vor Erbach lohnt der Blick nach links. Dort jenseits der Bahnlinie schlängelt sich eine wunderhübsche Pappelallee durch den Talboden: eine echte Barockstraße. Ein Stück jener alten Trasse, für die noch in den dreißiger Jahren unseres Jahrhunderts die Bezeichnung „Route Dauphinée" gebräuchlich war.

Dies ist ein winziges Stückchen jenes Weges, auf dem im Frühling 1770 die Erzherzogin Maria Antonia Josepha Johanna von Wien nach Paris gebracht wurde. Ihre Mutter, die Kaiserin Maria Theresia, hatte sie im zarten Alter von nicht ganz 15 Jahren zum Vehikel habsburgischer Weltpolitik gemacht: Das Kind, das Mädchen, oder die junge Dame sollte Königin von Frankreich werden, ihre Vermählung mit dem Thronfolger Louis Auguste sollte die mörderische Erbfeindschaft zwischen Habsburg und Bourbon befrieden. Das Unternehmen endete 23 Jahre später im „Terreur" der Revolution mit Marie Antoinettes Gang auf das Schafott.

Ein Jahr nach ihrer Ankunft in Paris ist ihr mädchenhafter Charme noch da. Goethe erinnert sich „der schönen und vornehmen, so heiteren als imposanten Miene dieser jungen Dame noch recht wohl": Für Sebastian Sailer ist sie „dui schöa Frau", für Stefan Zweig allerdings lediglich „ein mittlerer Charakter".

Porträtbüste der Marie Antoinette von Jean Baptiste Lemoyne 1771. Wien, Kunsthistorisches Museum

Sebastian Sailer, Prior der Prämonstratenser von Obermarchtal, hat der „schöa Frau" nicht nur sein dramatisiertes Gedicht „Beste Gesinnung Schwäbischer Herzen" gewidmet, der Vater der Schwäbischen Mundartdichtung will – der Legende nach – beim Festbankett anläßlich der Übernachtung der Erzherzogin im Reichsstift gar einen blutigen Streifen am Hals Marie Antoinettes gesehen haben.

Maria Antonia – Marie Antoinette – saß auf ihrer Brautreise in einer Kutsche, die im Auftrag Ludwigs XV. von den besten Wagenbauern Frankreichs mit besonders raffinierter Federung ausgestattet worden war, denn die künftige Königin Frankreichs sollte möglichst wenig durchgeschüttelt werden. Das kostbare Gefährt wurde im harten Winter des Straßenbaus, in seine Bestandteile zerlegt, nach Wien geschafft und von den Wagnermeistern der Schönbrunner Remise wieder zusammengebaut. Eine eigene Kutsche transportierte das Bett der Erzherzogin. Es mußte an jeder der Übernachtungsstationen mit frischem Stroh gefüllt werden, aus Angst vor den Pocken. Maria Theresia erkrankte an den Pocken, hat sie aber dank ihrer robusten Konstitution überlebt. Ludwig der XV. hingegen ist elend an den Pocken gestorben. In den letzten Wochen seines Lebens sollen seine offenen Narben einen derartigen Geruch verbreitet haben, daß sich seine Besucher dem Krankenbett nur mit feuchten Tüchern vor dem Gesicht näherten.

Von Ulm bis Obermarchtal schloß sich dem Brautzug der Reichsgraf Franz Ludwig Schenk von Castell samt eigener Eskorte an. Ein hühnenhafter, rothaariger Mann mit „Donnerstimme", eine Figur, die in der Geschichte des barocken Oberschwaben in jeder Hinsicht eine Sonderstellung einnimmt: Der Reichsgraf war Herr über ein eigenes Zuchthaus, jemand der – etwas verkürzt ausgedrückt (und deshalb soll noch die Rede davon sein) – Strafrechtspflege zu seiner Leidenschaft und zu Geld gemacht hat. „Seine" Sträflinge waren es, die bei Kälte, Schnee und Wind die Route Dauphinée zwischen Ulm und Ehingen zu planieren und mit Alleebäumchen zu säumen hatten. Von Ehingen bis etwa Riedlingen hatten dann die leibeigenen Bauern des Reichsstifts Obermarchtal diesen harten Dienst zu leisten. Diesen armen Teufeln hat der große Sebastian Sailer in seinem markigen Altschwäbisch ein literarisches Denkmal gesetzt. Dieses Gedicht ist großartig, eines der ganz seltenen Beispiele für „Sozialkritik von oben"; Sailers gesellschaftliche Stellung als Prior eines mächtigen Reichsstifts wies ihn zweifellos als Repräsentanten der Herrschaft aus.

Portrait des Reichsgrafen Franz Ludwig Schenk von Castell (1736-1821)

„Von der Parteien Haß und Gunst verwirrt schwankt sein Charakterbild in der Geschichte." Bis heute ist der Streit um die Person des „Malefizschenk" nicht ausgestanden.
Kann ein Mensch das alles gewesen sein: „barocker Herrenmensch", „Leuteschinder", „kunstsinniger Bauherr", „Pionier der aufgeklärten Strafrechtspflege"...?

Oberdischingen, Galgenberg.
Der letzte Gang. Auf dem Galgenberg standen zeitweise drei Galgen und ein Richtblock. Gegenüber dem Hängen galt die Enthauptung als Gnadenbeweis, der vor allem den zum Tode verurteilten Frauen zuteil wurde.

Die Fahrt durch die Oberdischinger Kastanienallee endet für jeden Neuankömmling mit einer handfesten Überraschung: Vor ihm liegt keineswegs, was man sich unter einem oberschwäbischen Dorf vorzustellen hat, sondern „Klein Paris". Die Herrengasse ist Haus für Haus geformt vom Willen des Reichsgrafen Franz Ludwig – ein repräsentatives Ensemble im Geiste Mansarts, des Architekten Ludwigs XIV.

So hat Franz Ludwig, der gemeinhin „Malefizschenk" genannt wurde, von seinem Schloß aus sein Oberdischingen gesehen. Die Häuser der Herrengasse sind so angeordnet, daß sie sich zum anderen Ende hin perspektivisch verjüngt. So hatte er jeden Eingang unter Kontrolle.

Das Schloß selbst existiert nicht mehr. Gauner haben es 1807 aus Rache angezündet. Dies und der Entzug seiner Gerichtsprivilegien durch den neuen König von Württemberg, Friedrich I., haben dem Malefizschenken den Lebensabend verbittert.

's Weagmache ischt a baisa Sach,
koi' Arbat ischt so schlimm:
ma hôt koi' Haus, ma hôt koi' Dach,
und's Fuattar ischt so glimm.

Wenn's d'Herra hau' weand, muaß as sei',
si geand koi' Dingle nôh;
dar Baur muaß dra', schla's Weatter drei',
dar G'walt ischt dänischt dô.

O! d' Gräba aufthua', wenn as kalt,
wenn Duft und Eis im Baat.
Schtoi' und Sand füahra, dees ischt halt
a baise schlimme Aat.

Der Herr lacht brav, guckt raus zum Schloß,
as ischt am itt viel drum,
wenn d' Ochsa schau', wenn d' Gäul und d' Roß
seand halba hi' und krumm.

Dô schtoht a Kommadierar dô,
ar hôt sein schöana Lauh'.
Ar schreyt da ganza Dag: gauh't nôh!
Wia ear will, muaß as gauh'.
Dar Schtrôhlfaullenzer hôt a G'schroy:
ihr Lumpahund, gauh't dra'!
Dar Weag soll glatt sei' wia an Oy;
as schtôht dees aus koi' Ma'.

Der Herr, der da aus dem Fenster des Schlosses guckt, ist unschwer als Franz Ludwig Graf Schenk von Castell zu erkennen.

Oberdischingen, Herrengasse

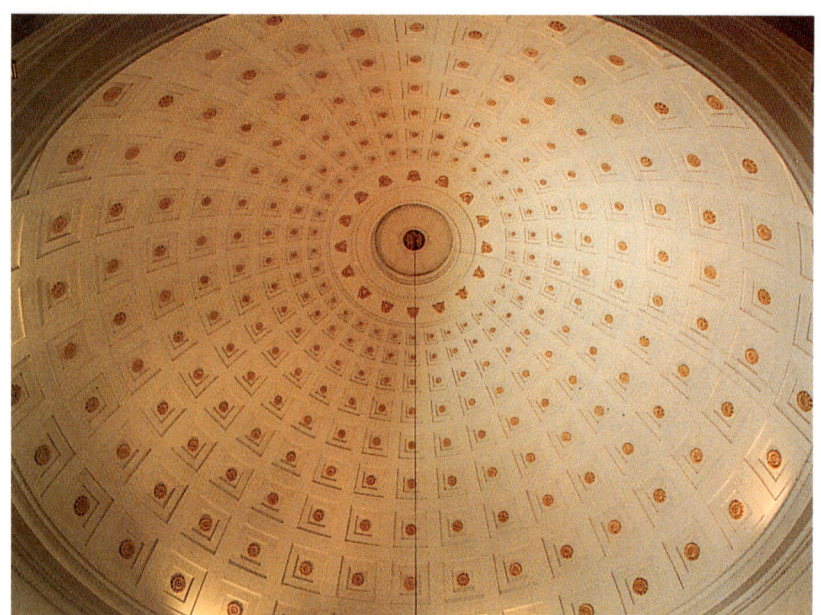

Wie kam es dazu? Im 17. Jahrhundert kauften die Castells, die aus Gottlieben am Schweizer Bodenseeufer stammten, die Herrschaft Dischingen. Zur Herrschaft gehörte auch das Privileg der niederen und hohen Gerichtsbarkeit.

Aber erst Franz Ludwig, der 1764 ins Amt kam, machte damit wirklich ernst, er entwickelte eine regelrechte Passion für die Gaunerbekämpfung. „Leichtere Fälle" und Menschen, die er für resozialisierbar hielt, ließ er in seinem Zuchthaus ihre Sünden abarbeiten. Das brachte zweimal Geld: erstens durch den Ertrag dieser Arbeit, und zweitens zahlten ihm fremde Herrschaften, wie etwa der Ritterkanton Donau (mit Sitz in Ehingen) oder gar eidgenössische Kantone, Gebühren für die Übernahme ihrer Kriminellen. Die Dienste des Markgrafen nahm man um so lieber in Anspruch, als der Umgang mit Verbrechern, „Gesindel" und „Gelichter" als unfein galt. So etwa dachte auch seine Gattin, Philippine von Hutten zu Stolzenberg, die ein Leben in der Bischofsresidenz Eichstätt vorzog.

Die „schweren" Fälle wurden mit dem Strang oder dem Schwert zu Ende gebracht. Was aber galt als schwerer Fall? Ein solcher lag schon bei wiederholtem, handfestem Diebstahl oder bei Raub vor. Diese Art von Justiz ging noch über die Härte des alttestamentarischen „Auge um Auge, Zahn um Zahn" hinaus, und sie ist keineswegs nur auf die Barockzeit begrenzt.

In Klein Paris das „Schwäbische Pantheon": Die Fertigstellung seiner großen, den Geist der Aufklärung atmenden Kirche hat Franz Ludwig nicht mehr erlebt. Als Architekten werden Michel d' Ixnard oder der Stuttgarter Hofbaumeister Thouret für möglich gehalten. (Die Bauakten scheinen verloren gegangen zu sein).

Das paßt überhaupt nicht ins Bild vom „barocken Herrenmenschen": als Schmuck für die klassizistische Kirche hatte der Graf gotische Steinreliefs aus der ehemaligen Klosterkirche Blaubeuren erworben. Ergreifend schöne Arbeiten eines Meisters „Andon" (Anton) der Ulmer Schule. Echte „Barockmenschen" (auch viele Äbte) schätzten die gotische Kunst meist nur gering.

In den Köpfen der alteingesessenen Oberdischinger ist Franz Ludwig präsent, als wäre er gestern gestorben. Und man hat zu seiner Person eine höchst lebendige Meinung!

Wir waren zu Besuch in der Bäckerei Ott. Der heutige junge „Herrgaßbeck" und seine Frau hüten als besonderen Schatz die Heiratsurkunde ihres Urahnen Eustach Ott mit Siegel und Unterschrift des Reichsgrafen. Darin waren nicht nur die Abgaben des Lehensmanns Ott festgeschrieben, sondern auch die Fortführung des Betriebs über weibliche Nachkommen, für den Fall, daß ein Stammhalter ausbleiben sollte – sozusagen eine „Pragmatische Sanction" für eine Bäckerstochter! (Karl VI. hatte versucht, durch die „Pragmatische Sanction" die Thronfolge seiner Tocher Maria Theresia zu sichern).

Gotisches „Blaubeurer Relief"

Haben die Delinquenten des Reichsgrafen etwa so ausgesehen? Räuberbanden stellten tatsächlich eine große Gefahr für Reisende dar. Daß sie so zahlreich waren, ist aber auch ein Zeichen für das Ausmaß der Armut, das riesige Heer der aus gesellschaftlichen Bindungen Gestoßenen und Geflohenen bis hin zu desertierten oder verkrüppelten Soldaten und entsprungenen Leibeigenen.

Besonders verwerflich war der Raub von Kirchengut. Der Biberacher Maler Johann Baptist Pflug, der diese „aktuellen" Bilder von Räuberbanden nach Franz Ludwigs Tod gemalt hat, kannte den Reichsgrafen persönlich sehr gut.

Die Räuberbande des Schwarzen Veri. Gemälde von Johann Baptist Pflug

Mehr als ein königliches Nachtquartier: Marchtal(l). Der Südtrakt mit seinem Risalit heißt heute noch „Dauphinée-Flügel".

Nur vier Jahre (1768–72) war es Ignaz Stein gegönnt, Marchtal zu regieren. Seine Gastfreundschaft für Marie Antoinette und deren Gefolge galt dem Wiener Hof – wie an allen Stationen eine Selbstverständlichkeit.

Sebastian Sailer hat den Ort seines Klosters noch mit zwei „L" geschrieben und man hört seine Begeisterung für das Praemonstratenser Reichstift förmlich durch die langen Gänge hallen.

Hier verbrachte Marie Antoinette samt ihrem Gefolge die Nacht vom 1. auf den 2. Mai 1770. Die Ausgaben für standesgemäße Unterbringung, Bewirtung und Unterhaltung hatte der Konvent unter Abt Ignatius Stein zu tragen. Auch die Aufwendungen für den entsprechenden Straßenbau waren an Marchtal hängen geblieben, nachdem es die benachbarten Benediktiner von Zwiefalten durch ihr Verhandlungsgeschick erreicht hatten, daß die Trasse für die Route Dauphinée nicht über Daugendorf und damit Zwiefaltener Gebiet, sondern über Unlingen auf Marchtaler Grund geführt wurde. Eine Episode, die uns lehrt, daß „Trassenstreit" beim Straßenbau beileibe keine Erfindung unserer zeitgenössischen Behörden, Bürgerinitiativen und deren Anwälten ist.

Schmuck, Fest, Illumination des Klosters und seiner Umgebung, Triumphbogen, Kanonade, Theater, Bankette usw. sollen die Abtei an die 10 000 Gulden gekostet haben! Ein ungeheuerliches „Übernachtungsgeld", das ein Zehntel der gesamten Jahreseinnahmen Marchtals ausmachte.

Krönung des Abends war sicher die Uraufführung von Sailers „Beste Gesinnung schwäbischer Herzen". Der Schilderung der harten Arbeit des Wegmachens folgte selbstverständlich schwäbisch-barocker Jubel auf den hohen Gast:

Dieser Raum gehörte zum „Übernachtungsappartement" der Marie Antoinette. Hier gab es ein Diner mit 30 Gedecken; danach übernachtete ein Teil ihres Gefolges in sogenannten „Tischbetten" – der Name gibt ausreichend Auskunft über die Vielseitigkeit dieser Möbel.

O lieabe Schwôba ey jauchzat und schreyat,
und dui schöa' Frau dô nu' reacht benadeyat.

Mir euser Leabalang weand itt vergeassa,
so lang mar könnat no saufa und freassa;
so lang mar leabat bey eusare Kinder,

bey eusare Weiber, bey Roß und bey Rinder
zua di Franzosa rois' glückle Sui nei',
O! eusar Herrgatt schtets bei ar soll sei'!

Hochdeutsch, Latein, Französisch und Schwäbisch mischten sich letztlich zur Huldigung und sprachen die große Hoffnung auf Frieden in Europa aus. Und der tat bitter not, denn auch der Westfälische Friede von 1648 beendete „nur" den 30jährigen Krieg. Die kriegerischen Auseinandersetzungen gingen über diese Epoche jedoch weit hinaus.

Prälat Max Müller betritt im schwarzen Anzug die riesige dunkle Sakristei. Sein schütteres Haar ist schneeweiß, sein Gesicht sehr blaß. Der Klang seiner Schritte zwischen der schweren Eichentäfelung und den goldglänzenden, beinah lebensgroßen Heiligenfiguren im Vordergrund hat etwas Filigranes: das Ticken einer Uhr in einem unendlichen Raum. Die Schritte enden vor dem Schrank, in dem die Legende hängt.

Ein gewaltiger Schlüssel dreht sich im Schloß, die Tür knarrt, ein sicherer Griff nach dem Meßgewand, das ein Versatzstück der Weltgeschichte ist. Zum Vorschein kommt ein Stück vom Brautmantel der Marie Antoinette. Ist es echt? Beweise dafür gibt es keine, sagt der alte Herr, und dabei huscht ein Anflug von Belustigung über sein Gesicht. So einer Frage kann ein Mann seines Formats nur mit Humor begegnen, denn was wäre mit so einem „Beweis" bewiesen? Daß wir den Zipfel eines Brautmantels brauchen, um uns vom Hauch der Geschichte streifen zu lassen? Vom Hauch des schrecklichen Todes jener Königin von Frankreich?

Obermarchtal ist ein alter, abendländischer Kulturboden. Schon im 8. Jahrhundert stand hier ein kleines benediktinisches Kloster, das St. Gallen unterstand. Im Jahre 1171 kamen die Prämonstratenser aus Rot an der Rot und wandelten das bestehende Kloster in ein Chorherrenstift um. Unter Abt Nikolaus Wierith wurde 1686 der Grundstein zu der neuen, barocken Kirche gelegt. In einer langen Bauzeit von mehr als achtzig Jahren bis 1769 entstand die gesamte Anlage unter der Leitung des Baumeisters Michael Thumb, der zu den großen Alten der Vorarlberger Schule gehörte. Nach seinem Tod 1690 übernahm sein Bruder Christian zusammen mit Franz Beer die Bauleitung.

Die Kirche konnte 1701 eingeweiht werden. Sie entspricht in ihrer Architektur dem *Vorarlberger Schema*: Das Hauptschiff stellt einen großen Saal dar, der durch vorspringende Wandpfeiler gegliedert ist. Durch das Querschiff wird seine Längsrichtung unterbrochen. Dahinter schließt der geringfügig schmalere Chor an, der bemerkenswerterweise die gleiche Tiefe wie das Langhaus aufweist.

Den Plan der Gesamtanlage zeichnete 1674 der Graubündener Architekt Comacio. Der Ostflügel mit dem berühmten Sommerrefektorium ist ein Werk Bagnatos.

Die Türme der Obermarchtaler Klosterkirche gehören zu den schönsten frühbarocken Türmen in Deutschland, doch ihre Baugeschichte birgt eine Tragödie. Im Herbst 1689 waren die Vorgänger des heutigen Marchtaler Wahrzeichens eingestürzt. Bauen ohne moderne Fertigkeitslehre und Stahlbeton bedeutete immer auch ein hohes Risiko, zumal wenn Tempo, verhältnismäßig geringe Kosten und große, eindrucksvolle Volumina gefordert waren.

Marie Antoinette, die „schöne Frau" von nicht ganz 15 Jahren, traf in Marchtal auf eine in weiße Kutten gehüllte Männergesellschaft. Jeder dieser Männer hatte das Gelübde der Keuschheit, des Gehorsams und der Armut abgelegt. Es läßt sich gut ausmalen, daß bei diesem Besuch Welten aufeinander gestoßen sind. Zwar war bekannt, daß alle Kinder der Kaiserin Maria Theresia streng katholisch und mit einer Härte erzogen worden waren, die heute nur noch in wenigen Elite-Internaten Brauch ist und von den Betroffenen schlicht „spartanisch" genannt wird. Aber die künftige Dauphine und ihre Hofdamen waren eben doch auch „Frauenbilder", und solchen gegenüber ziemten sich für Mönche nur: mit Ernst vermischte Höflichkeit, kurze, geistreiche Worte und, vor allem, der gesenkte Blick!

Es gibt von dieser Begegnung keine Bilder. Aber wer dazu die Gelegenheit erhält, sollte unbedingt den Kapitelsaal besuchen (auch wegen des wundervollen Chorgestühls). An der Nordseite des Saals, der heute von einem kleinen Salesianerinnen-Konvent als Hauskapelle genutzt wird, befindet sich das große Prozessionsbild von 1710: Der Konvent unter Abt Friedrich Herlin huldigt der Gottesmutter.

Am 20. April war Marie Antoinette in Wien abgereist, am 2. Mai, um halb neun Uhr morgens, brach der Brautzug von Marchtal auf. Die nächste Nacht wurde in Stockach verbracht. Am 16. Mai erreichte man Versailles und schon einen Tag danach schrieb Maria Theresia ihren Dank für die Marchtaler Gastfreundschaft an Abt Ignatius Stein. Fürst „Stahrenberg" (Starhemberg) mußte, im Auftrag der Majestät, Stein noch mit einem kostbaren Pektoral und Ringen beschenken...

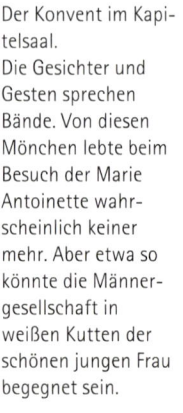

Der Konvent im Kapitelsaal.
Die Gesichter und Gesten sprechen Bände. Von diesen Mönchen lebte beim Besuch der Marie Antoinette wahrscheinlich keiner mehr. Aber etwa so könnte die Männergesellschaft in weißen Kutten der schönen jungen Frau begegnet sein.

Der wirkliche Schatz von Marchtal aber ist das von Andreas Etschmann geschaffene Chorgestühl im Kapitelsaal. Der Bildhauer stammte aus Haiming im Oberinntal, etwa 35 Kilometer westlich von Innsbruck.

In Etschmanns Biografie wurde erst 1994 durch den Riedlinger Pädagogen und Heimatforscher Winfried Aßfalg etwas Licht gebracht. Daraus nur soviel: Etschmann arbeitete mit Freunden am Chorgestühl von Rot an der Rot, bevor er 1695 nach Marchtal kam, wo er 1708 als Künstler hoch geehrt, aber von furchtbaren persönlichen Schicksalsschlägen getroffen, im Alter von etwa 44 Jahren starb. In dieser Zeit arbeitete er an seinem letzten Werk, dem Gestühl im Kapitelsaal. 12 Stunden am Tag, 6 Tage in der Woche für den angemessenen Wochenlohn von 2 und 1/4 Gulden.

Laut Vertrag arbeitete er mit eigenem Werkzeug, was nicht ohne Bedeutung war, denn sein Material war Eiche: hart, spröde und äußerst schwierig zu formen.

Und diesem Holz hat er eine ganze Welt von Bildern abgerungen, deren schönste eine Ahnung davon vermitteln, wie er sich die Gesichter der Völker der Welt, soweit sie damals bekannt waren, vorstellte – oder wie seine Auftraggeber jene Völker dargestellt haben wollten, die da draußen der Missionierung harrten.

Man lebte in einer Welt, deren „Entdeckung" und Unterwerfung bereits ein mächtiges und schreckliches Stück vorangekommen, beileibe aber noch nicht abgeschlossen war.

Man lebte im Einflußbereich Habsburgs, dessen spanische Linie in Lateinamerika grauenvolle Praktiken beim Umgang mit den „Wilden" zu verantworten hatte. Interessant ist, daß die früheren Darstellungen dieser „Wilden" durch die Kolonisatoren überwiegend das Bild des Menschenfressers, des Halbaffen, des Polygamen zeigen. Das Bild also eines verbrecherischen Sünders, dem man glaubte, ohne Skrupel mit Feuer, Schwert und Sklavenkette kommen zu dürfen.

Chorgestühl von Andreas Etschmann im Kapitelsaal

Die positive Gegenposition ist, was Jean Jacques Rousseau einige Jahrzehnte später den „edlen Wilden" nannte, dem er eine, seiner Natur innewohnende, eigenständige Religiosität zuerkannte.

Wer zählt die Völker, nennt die Namen? Viele Dutzend solcher Köpfe zieren das Gestühl des Kapitelsaals von Marchtal. Alle damals bekannten Kontinente sind vertreten. Wir begegnen Europäern, Asiaten, Afrikanern und Amerikanern. Es fehlt der fünfte Kontinent: Australien.

Aber es gab wohl noch einen dritten Typus: ich nenne ihn „Die neuen Kinder Gottes". Ihr Staunen und ihre Erwartung leuchtet in den Etschmann-Gesichtern. Aber woher kam solches? Der Fall ist so gut wie unerforscht. Es könnten da die Beziehungen der oberschwäbischen Klöster, insbesondere Marchtals zur Jesuiten-Universität in Dillingen eine Rolle gespielt haben. Von den Jesuiten wissen wir, daß sie sehr eigenwillige und durchaus hochmoralische Vorstellungen von Mission hatten. Daß sie z.B. in Paraguay versuchten, den habgierigen, menschenverachtenden Regimen spanischer und portugiesischer Vizekönige auf südamerikanischem Boden einen Gottesstaat entgegenzusetzen. Der trug zwar durchaus fundamentalistische, despotische, ja sogar „kommunistische" Züge, aber er hatte eben nicht die Befriedigung der Gier nach Gold zum einzigen Staatsziel erhoben.

Das soll ein Speisesaal, das Refektorium für strenge, in sich gekehrte Mönche sein? Da waren heitere, zu Lustigkeiten neigende Italiener am Werk: der Baumeister Giovanni Gaspare Bagnato, der Stukkateur Franz Pozzi und der Maler Giuseppe Ignazio Appiani.

Die Appiani-Bilder sind in Secco-Technik regelrecht an die Wand „geschmissen". Diese Technik unterscheidet sich vom Fresko insofern, als die Farben auf den trockenen Verputz aufgetragen werden. Dadurch ist der Künstler zwar nicht auf ein hohes Arbeitstempo angewiesen, die originale Farbigkeit des Bildes ist aber auch von kürzerer Dauer.

Man muß schon zweimal hinschauen, um die ernsten, biblischen Inhalte der Szenen zu erfassen und – zu glauben.

Bilder von Giuseppe Ignazio Appiani im Sommerrefektorium des Klosters. Allegorie der Selbsterkenntnis mit dem vieldeutig niedergeschlagenen Blick.

Jakob erlistet den Segen seines Vaters Abraham mit einem Linsengericht.

Die Idylle des heutigen Zwiefalten im Frühlingsglanz trügt. Die Geschichte der Abtei ist von harten Kämpfen gegen die Begehrlichkeiten des Hauses Württemberg geprägt. 1089 wurde das Kloster gegründet, erst 1750 wurde es Reichsabtei. Aber die Freude über das Ende der Pressionen durch Württemberg währte nicht lange: schon am 27. November 1802, also noch vor dem Reichsdeputationshauptschluß, ließ der dicke Friedrich aus Stuttgart seine Truppen einmarschieren.

Der jungen Dauphine war der Abstecher ins Tal der Zwiefalter Ach nicht gegönnt. Dabei wäre ja die Route Dauphinée beinahe über Zwiefalter Gebiet trassiert worden. Die heutige „Barockstraße" macht diesen Schlenker, weg von der B 311, und dieser Umweg lohnt!

Die Kirche der ehemaligen Benediktiner-Reichsabtei ist für jeden Besucher, der sich als ein Mensch des 20. Jahrhunderts versteht, eine Herausforderung. Was betritt man hier eigentlich? Ein Gotteshaus, eine Marienwallfahrtsstätte – gewiß. Aber je nach persönlicher Temperamentslage, Vorliebe oder Abneigung gegenüber Stilen der Kunstgeschichte betritt man hier wohl auch den Form und Farbe gewordenen Grundvorwurf gegen den Barock: er sei die Kunst des Überladenen, Bizarren, aus den Fugen Geratenen.

Es ist, als wäre die ganze, unübersehbare Fülle der Ausstattung angetreten, das Konzept des Baus zu übertreffen, ja aufzulösen. Und dieses Konzept ist schlicht und klar, das einfachste in der Barockarchitektur: die „Vorarlberger Wandpfeilerbasilika". Das heißt, die Wände des Kirchenschiffs werden durch in den Raum ragende Pfeiler stabilisiert; diese Pfeiler tragen auch das gewaltige, freigespannte Gewölbe, sie tragen die Gurtbögen für die Emporen und bilden schöne, durch klare Fenster beleuchtete Nischen für die Seitenaltäre.

Der Bau der Benediktinerabtei wurde 1089 begonnen und zwanzig Jahre später geweiht. In den folgenden Jahrhunderten gelangte das Kloster zu Ruhm und Macht und sammelte zahlreiche Kunstgegenstände an, die jedoch im Jahre 1803 im Zuge der Säkularisation beschlagnahmt wurden. Das Zusammenleben der Mönche wurde verboten, die Kirche für Gottesdienste geschlossen. Wenig später wurde die psychiatrische Landesanstalt von Ludwigsburg in die Räume des Klostergebäudes verlegt. An die Pforte kam ein Schild: „Königlich Württembergisches Tollhaus".

Noch in den fünfziger Jahren des 18. Jahrhunderts hatte man den Neubau der Kirche beschlossen und in Angriff genommen. Als Baumeister konnte der Münchner Johann Michael Fischer gewonnen werden, der die Arbeiten 1765 abschloß. Er hatte in dem heute als Pfarr- und Wallfahrtskirche genutzten Münster einen Bau geschaffen, dessen Aussehen von den beiden hohen Seitentürmen und der durch divergierende Schwünge und Linien belebten Westfassade beherrscht wird: drei Eingangstore gliedern die Westfront. Das Hauptportal ist von jeweils einem Pilaster und zwei Säulenpaaren flankiert, wodurch die Vertikale betont und eine Verbindung zu dem verkröpften Dreiecksgiebel hergestellt wird. Darüber befindet sich eine Nische mit der Statue Mariens als Gottesmutter, der die Statuen der beiden Stifter Liutold und Kuno, Grafen von Achalm, auf den Schrägseiten des Giebels zugeordnet sind. Den Abschluß der Fassade bildet ein großflächiger Volutengiebel, dessen höchster Punkt von einem vergoldeten Kreuz bekrönt wird.

Zwiefalten, Kircheninnenraum. Von 1744 bis 1752 dauerte der Bau dieser Kirche – nur 8 Jahre! Da ist sie wieder, diese Mischung aus Begeisterung, Baubesessenheit und politischem Zwang zum Tempo. Das Resultat ist Kirchenbau mit den Mitteln und der Wirkung von Bühnengestaltung.

Was beim Betreten des Kircheninneren sofort auffällt, ist die Malweise in den ungeheuren Spiralen der Deckenfresken. Hier hat der aus Wangen im Allgäu stammende Franz Joseph Spiegler seinen Weg zu einer völlig losgelösten dekorativen Malerei gefunden: die Überwindung der gezeichneten Kontur durch die farbige Fläche. Da ist etwas ganz „Modernes" geschaffen worden. Die gesamte Dekoration des Deckengewölbes steht in einem spannungsgeladenen Verhältnis zum Langhaus und beeinflußt nachdrücklich die Raumwirkung des Inneren.

Die Deckenfresken stehen im Dienst der Marienverehrung. Das Gemälde, das sich über das gesamte Langhaus ausdehnt, erstreckt sich über vier Joche und zählt zu den größten Deckenbildern Süddeutschlands. Es hat die Vision des Hl. Benedikt zum Inhalt, bei der auch Kirchenväter und Heilige zugegen sind. Am Rand der Deckenwölbung ziehen Pilger zu den Wallfahrtsorten Mariens, Einsiedeln, Zwiefalten, Altötting etc.

Franz Joseph Spiegler, Die Krönung Mariens

Stuck, dieser „Marmorersatz" aus Gips, Leim, Holzstaub und Farbe (es gibt viele Rezepturen), ermöglichte in kurzer Arbeitszeit eine ungeheure Bilderfülle zu günstigen Preisen. Und, so virtuos gehandhabt, wirkt er in seiner Feinheit wie modelliertes Porzellan.

Die Kanzel von Johann Joseph Christian

1749 hat Franz Joseph Spiegler die Krönung Mariens in die Flachkuppel der Vierung gemalt. Mehr als 200 Heilige bilden einen wahren Wirbelsturm an Figuren rund um das zentrale Ereignis der Krönung.

Der Maler bediente sich dabei kompositioneller und maltechnischer Mittel, die den Blick spiralartig ins Kuppelinnere zu führen scheinen. In diesem Sinne ordnete er die einzelnen Gruppen der Heiligen so an, daß sie dem von unten aufblickenden Betrachter die beabsichtigte Tiefenwirkung vortäuschten. Demnach schuf Spiegler eine Illusion, die er aufgrund seiner Komposition und seinem flüchtigen, das Detail vernachlässigenden Malstrich dramatisieren konnte. Mit einer intensiven Farbgebung und konsequenten Schattierung verstärkte er den Eindruck der Sogwirkung noch zusätzlich. Er malte mit ungeheurem Schwung und ohne gezeichnete Linien. Die Konturen entstanden durch aufeinandertreffende farbige Flächen, sein Ziel war die durch eine großzügige Gesamtkonzeption erreichte dekorative Wirkung.

Dies ist ein Beispiel für die breite Skala malerischer Gestaltung im Barock – da herrschte trotz der von den Klostertheologen vorgeschriebenen Bildprogramme künstlerische Freiheit.

Die zweite große Begegnung mit einem Künstler der Region bescheren uns die Plastiken des Johann Joseph Christian aus Riedlingen.

Der „lokale" Meister Christian wird zu Unrecht in der internationalen Kunstgeschichte so klein gehalten. Er ist in seinen Stuckarbeiten ein ganz Großer. Er ist der Schöpfer eines ausdrucksstarken, „schlanken" Barock: da gibt es keine drallen Putten, keine Pausbäckigkeit. Seinem Erzengel Gabriel am Fuß der Kanzel nimmt man ab, daß er das Flammenschwert auch gebrauchen würde. Und darüber am Kanzelkorb: die ergreifende Vision des Propheten Ezechiel vom auferstandenen Israel. Im Grunde führt sie ins Neue Testament.

Rocaille mit einem Totenkopf.
Seht her, es ist nur der Tod, wir haben ihm einen goldenen Rahmen geschenkt! Schwankend zwischen Respekt und feiner Ironie, stellten sich diese Menschen dem Tod, wo wir ihn eher abschieben und verdrängen.

Christian entrollt dem Blick die Vorstellung von der Auferstehung des Fleisches; und zwar als barockes Theater in allen Phasen, von den Skeletteilen im Karner über Skelette, die nach den rettenden Armen der Allegorien der christlichen Tugenden (Glaube, Liebe, Hoffnung) greifen, ein Zwischenstadium zwischen Skelett und Mensch aus Fleisch und Blut, bis zum Auferstandenen. Staunen, Frömmigkeit und Dankbarkeit formen seinen Ausdruck, der unvergeßlich bleiben wird.

Manche Betrachter dieser Auferstehungsszenen belegen diese Bilder mit dem Verdikt „makaber". Ein „Vorwurf", der tief blicken läßt. Zu fragen wären diese Menschen nach ihrem Verhältnis zu ihrer Fleischlichkeit und zum Tod. Beides haben große barocke Künstler wie Christian im wahrsten Sinne des Wortes „hautnah" gestaltet. Hinzu kam der wirkliche Glaube an die Auferstehung in einer Zeit, als die Lebenserwartung durchschnittlich bei etwa dreißig Jahren lag.

Spätestens beim Drehen eines Films wird einem bewußt, daß es im Barock keine bemalten Fenster gibt. Das Glas ist klar, oft in Butzen gefaßt, so dient das Fenster als Beleuchtungskörper der Innenarchitektur.

Barocke Kirchen bei Nacht mit Kunstlicht zu drehen, wäre also ein Unding, eine Versündigung an den Absichten der Meister. Folglich wird bei Tag gedreht, mit Scheinwerfern, die das bläuliche Tageslicht nachahmen. Und es werden große Mengen Licht benötigt, die den Kontrast zwischen den hellen Fenstern und dem dunklen Raum für den Film so mindern, daß etwa der Eindruck aufgezeichnet wird, den das menschliche Auge wahrnimmt. Ab da wird das Filmen zur Knochenarbeit, solche Drehtage ermüden auch konditionsstarke Teams. Der eigentliche Lohn aber sind viele Stunden in einer Umgebung von hoher ästhetischer Qualität, der erste Anflug einer wirklichen Annäherung an diese Kunst. Das ging in seinen „Niederungen" soweit, daß wir auf einigen Emporen unser bescheidenes Mittagsvesper eingenommen haben, die teure Ausrüstung im Blick und die feste Hoffnung im Herzen, daß „der da oben" Nachsicht üben werde mit den Arbeitern in seinem Haus.

Es gibt sehr viele Indizien dafür, daß barocke Baukunst in gewisser Weise Kulissen herstellt. Kulissen von gewaltigen Dimensionen, aber eben das Ambiente für ein Theatrum. Und was fasziniert uns heute Lebende mehr als der Anblick von Kulissen? Natürlich der Blick hinter die Kulissen – wohl auch in der oft irrigen Annahme, dort wären wir, wenn schon nicht der Sensation, dann doch wenigstens der „Wahrheit" näher. Wenn man das in Barockkirchen tun will, muß man sich mit den Mesnern gut stellen. Die führen einen, so man gut bei Puste und schwindelfrei ist, nicht hinter, sondern über die Kulisse. Andreas Schäfer, der Mesner vom Zwiefalter Münster hat das mit uns Filmleuten getan. Über enge, steile Treppen im Turm hoch in die Glockenstube. Die Aussicht auf die Dächer des riesigen Klosterkomplexes und die feingegliederte Landschaft der schwäbischen Alb ist grandios; aber das erwartet man schließlich von einer Turmbesteigung.

Der Bettler am Martinsaltar gehört zu den seltenen, der Wirklichkeit angenäherten Darstellungen armer Menschen in der professionellen barocken Kunst der Klöster. Der Bettler als Gleichnisfigur für Christus strahlt trotzdem große Würde aus.
„Was ihr dem geringsten meiner Brüder tut, das habt ihr mir getan."

Man kann gut erkennen, wie Johann Michael Fischer das strenge Konzept der Wandpfeilerbasilika aufgelockert, ja zum Schweben gebracht hat. Die Pfeiler sind durchbrochen und gegliedert. Trotzdem halten sie der Last der großen freitragenden Kuppeln und Gewölbe stand.

Das wahrhaft Faszinierende sind die gewaltigen Dachstühle, die Aufhängungen und Abstützungen der Gewölbe und Kuppeln. Der Respekt vor den Baumeistern, die da ohne moderne Festigkeitslehre, Computer und Spannbeton Phantastisches gewagt haben, wächst ins Unermeßliche. Es ist nur zu schade, daß der Aufwand, diese Konstruktionen zu filmen, jedes vernünftige Maß sprengen würde, von den Sicherheitsbedenken ganz zu schweigen. Vielleicht ist das aber ganz gut so, daß es noch ein paar großartige Winkel auf dieser Welt gibt, die ausschließlich unter Schweiß, Staub und der Erarbeitung eines Vertrauensverhältnisses zu ihren Hütern erlebt werden dürfen.

In Zwiefalten ist dieser „Hüter" ein junger, hellwacher Mann, ein gelernter Mechaniker und gelernter Mesner. Jawohl, sowas gibt es. Mit glänzenden Augen hat er uns von der Mesnerschule in Freising erzählt. Würde er Autos reparieren, könnte er erheblich mehr Geld verdienen. Aber einer wie der läßt sich die Freude an seiner Tätigkeit eben nicht abkaufen. Das nenne ich Freiheit!

Riedlingen: Da ist nichts Großes, Barockes in Sicht. Obschon vorderösterreichisch, faßte das Luthertum Fuß, es herrschte „Stadtluft" und Selbstbewußtsein der Bürger.

Und doch wurde einer von ihnen, Johann Joseph Christian, einer der größten Bildhauer des deutschen Barock.

Hier trennen sich die Route Dauphinée und die „Barockstraße". Die eine führt nach Westen über Donaueschingen, Freiburg, Straßburg nach Paris. Die andere nach Süden über Buchau, Schussenried, Weingarten, Weißenau und Tettnang an den Bodensee.

Hier endet demzufolge unsere Begleitung des Brautzuges der künftigen Königin Frankreichs. Sie ist an Riedlingen übrigens vorbeigefahren, nicht ahnend, daß sie zu einer der großen tragischen Gestalten des 18. Jahrhunderts werden sollte.

Es gibt in dieser Stadt an der Donau einen Ort, an dem sich trefflich über das wirkliche Ende der Reise Marie Antoinettes räsonieren läßt. Es ist ein kleines Zimmer im Heimatmuseum. Darin steht neben einer sehr schönen Sammlung von Hinterglasbildern ein Bett. Das Bett ist barock bemalt und wurde verwendet, um Tote darin aufzubahren. Die meisten Menschen starben ja nicht im Krankenhaus, sondern in den vier Wänden, in denen sie gelebt hatten.

Die Bettstatt der gewöhnlichen Leute war in der Regel spartanisch schlicht, oft armselig. So hatte dieses Aufbahrungsbett die Funktion, dem Tod Würde zu verleihen, und es tut dies nicht mit Allerweltskränzen samt Schleifen, sondern es spricht zu uns mit einer Fülle allegorischer Bilder. Es sagt uns etwa: Dein Stündlein, oh Mensch, ist um, und du wirst nun, alt und bärtig geworden, deinen wunderbaren Schutzengel schauen. Fürchte dich nicht! Der Tod kann gnädig sein wie der Schlaf, über den das Auge Gottes und Maria wachen. Sei aber auch gewiß, daß der Tod die Gerechtigkeit Gottes ist, der sich alle beugen müssen: die Armen und die Reichen, Bauern, Bürger, Priester, Fürsten, Bischöfe, Könige, Kaiser, Kardinäle und Päpste – alle sind sie auf dem Weg zum Acker Gottes.

Riedlingen

Das Fußende des Riedlinger Totenbetts

Die Sonne läßt die kleinen Kräuselwellen der Donau glitzern, der Überlauf eines Wehrs schäumt ein wenig. Darüber steht eine wunderhübsche Front von Fachwerkhäusern und dahinter eine drohende Gewitterwand. Kaum zehn Minuten noch, und das herrliche Bild wird von einem Platzregen unter Blitz und Donner ausgelöscht werden. Keuchend unter der schweren Ausrüstung schaffen wir es, treppab und dann durch Wiesen, Gestrüpp und Sand ans Flußufer zu gelangen. Zwei Schwenks werden gedreht, ein zügiger und ein langsamer. In den Film kommt dann der langsamere, ruhig schauen ist den Augen und der Seele eine Wohltat, und die Schokoladenseite Riedlingens ist einfach schön.

Mehrere Wochen vor dem Fest wird in Oberschwaben mit dem Binden der Palmen begonnen. Beinahe überall findet ein stiller Wettbewerb um den größten oder schönsten Palmen statt. Saulgau und Riedlingen sind landesweit für ihre Palmprozessionen berühmt.

Die Saulgauer haben eine Kopie ihres Palmesels, auf dem Christus reitet, anfertigen lassen, damit sie ihn, wie in alten Zeiten, bei der Prozession mitführen können.

Ins Herz Oberschwabens

Ja, ja, ich höre sie schon, all die berechtigten Einwände gegen so eine Art, Geographie zu betreiben. Zumal bis heute die Grenzen Oberschwabens zwischen wohlmeinenden Hitzköpfen unterschiedlicher Provenienz (Gott bewahre, nicht Provinz, denn damit hat Oberschwaben überhaupt nichts zu tun!) heftig umstritten sind. Nichts liegt mir ferner, als mich in diesen Streit einzumischen. Das Thema unserer Reise ist auch nicht die Geographie, sondern die Geschichte – tot und lebendig. Wo sind also noch Lebensformen und Bräuche erhalten, die sich mit den konsensfähigen Vorstellungen vom Begriff „Oberschwaben" verbinden?

So gesehen schlägt das „Herz Oberschwabens" an mehreren Orten, zu unterschiedlichen Zeiten, aber immer dann, wenn die Menschen dort aus Überzeugung Formen mit Leben erfüllen, die es anderswo nicht mehr gibt oder nie gab.

Selbstverständlich kann man das mit dem Wort „konservativ" belegen. Als Wertung wäre das allerdings zweischneidig – je nach persönlicher Auffassung positiv oder negativ. Jedenfalls nicht neutral, und das ist gut so. Richtige Oberschwaben sind nicht neutral, sie haben eine Meinung auch zu Dingen, deren Bedeutung in großstädtischen Gesellschaften längst – angeblich – Bedeutsamerem gewichen ist.

Wer wochenlang kunstvoll einen „Palmen" bindet, um ihn dann unter erheblichem Kraftaufwand durch die Gassen von Saulgau zur Kirche zu tragen, ist nicht neutral, sondern demonstriert für seine Überzeugungen – und seinen Stolz.

Allerdings sind – um beim Beispiel Palmsonntag zu bleiben – auch hier schon kulturelle Erosionsprozesse im Gang. In Saulgau und in Riedlingen werden noch richtige Palmprozessionen durchgeführt. Unter Musik werden die Palmen getragen, deren Eierkronen unverkennbar den Zwiebeltürmen der Kirchen nachempfunden sind. Als kostbarstes Stück wird der auf dem Palmesel reitende Christus mitgeführt. In den meisten Gemeinden verlassen diese Palmesel das Heimatmuseum nie mehr. Und anstelle der Prozession versammeln sich die Palmenträger vor der Kirche und ziehen dann einige wenige Schritte zum Hochamt ein.

In einigen Orten werden am Ende des Gottesdienstes die weichen, süßen Palmbrezeln verteilt. Vor allem die Kinder sind begeistert, und ich bin sicher, daß gerade die Kleinen nicht so schnell aus der Erinnerung an den Weihrauchduft, die Musik, die bunten Bilder und den Biß in die Brezel entlassen werden.

Was aber bitte ist an alledem barock? Die Form der Palmen, gut. Das Kirchenbrauchtum, die Liturgie sind viel älter. Der Hang zur Pracht, die Freude an ihr und daran, in der Kirche „Theater zu spielen", hat im Barock gewaltigen Auftrieb erhalten. Das fortzuführen, mit Leidenschaft, Hingabe und Trotz ist möglicherweise ein Erbe aus dem Trauma der Säkularisation.

Sicher hatten die Klöster in der alten Form der Verbindung von geistlicher, wirtschaftlicher, juristischer, und politischer Herrschaft abgewirtschaftet. Aber dies zu beheben war nicht der Impetus jener Adligen, die sich am Klosterbesitz bereicherten.

Die Menschen spürten, daß das Ende der Klosterkultur die ganze Region zunächst einmal in kulturelle Provinzialität stieß. Und dies war letztlich ein Angriff auf ihre Identität.

Erntedankbild. Die Frauen von Otterswang machen auf ihre Weise Geschichte lebendig: Zum 900-Jahr-Jubiläum der Stiftung des Heiligen Bluts aus Weingarten gestalteten sie eine Seite aus dem berühmten Weingartener Berthold-Missale.

Vom Bussen, dem „Heiligen Berg" Oberschwabens bis ins Schussen-Becken mit den Städten Ravensburg und Weingarten erstrecken sich jene sanften, zur Kulturlandschaft geformten Hügel, die den Kern der Region bilden.

Wir haben dem Palmsonntag in Saulgau einen weiteren Kirchenbrauch gegenübergestellt und damit Beginn und Ende der Vegetationsperiode markiert:

Das Erntedankfest in Otterswang. Die Pfarrkirche gehörte zum Herrschaftsbereich des Prämonstratenserklosters Schussenried. Der heutige Pfarrer, Otto Beck, selbst einer der besten Kenner der Geschichte und Kunstgeschichte Oberschwabens, hat es verstanden, ein wahres Feuer der Begeisterung für schönes Kirchenbrauchtum zu entfachen. So gestalten die Frauen der Kirchengemeinde seit Jahren prachtvolle Erntedankbilder, die den ganzen Chorraum der Kirche füllen. In wochenlanger Kleinarbeit werden die Teilstücke mit allem, was wächst und bunt ist, belegt: Samen, Körner, getrocknete Blüten, geschroteter Paprika, Bohnen usw.

Bussen, der „Heilige Berg" Oberschwabens

Schussenrieder Höhenflüge: Zu den ersten bedeutungsschweren lateinischen Sätzen, die – zu meiner Zeit – ein Klosterschüler lernte, gehörte:

   Initium sapientiae
   est timor domini

– „Der Anfang der Weisheit ist die Furcht vor dem Herrn." Über diese Übersetzung kann man streiten, ich weiß, aber hier ist nicht der rechte Ort dafür. Entscheidend ist, daß mit diesem Satz alles gesagt war, die Menschenkinder vor der Hybris (etwas trivial mit „Übermut" eingedeutscht) zu warnen. Wir dürfen sicher sein, daß der Kern dieser Mitteilung bis zum heutigen Tage auch innerhalb der Hierarchien der katholischen Kirche eine gewisse Bedeutung hat. Zudem stecken darin die Wurzeln der Demut, des Gehorsams, der Bescheidenheit. Mich verfolgte dieser „Anfang der Weisheit" wie ein musikalischer Ohrwurm, während ich mich mit jenen wenigen Ausschnitten aus der Geschichte der Prämonstratenserabtei beschäftigte, von denen nun die Rede sein soll.

Ein Brüderpaar (Beringer und Konrad) aus Schussenried, welfische Ministerialen beide, haben 1183 das Prämonstratenserkloster Schussenried gestiftet. Die Gründer sind selbst in den Orden eingetreten. In der Mitte des 15. Jahrhunderts erfolgte die Erhebung zur Reichsabtei, Maximilian I. verlieh den Blutbann, und seitdem waren auch die Schussenrieder Äbte Herren über Leben und Tod auf ihrem Territorium. Berühmt war im 18. Jahrhundert die Lateinschule, in der auch Naturwissenschaften, Musik, Brauerei und Landwirtschaft gelehrt wurden. Heute werden die Gebäude als Psychiatrisches Landeskrankenhaus genutzt.

Selbstverständlich sollte man in Schussenried die ehemalige Klosterkirche St. Magnus besuchen. Sie kann als Beispiel einer einfühlsam barockisierten gotischen Kirche gelten, mit wundervollen Details der Ausstattung, wie dem Chorgestühl von Anton Machein.

Wer aber den Bibliothekssaal nicht besucht hat, kann nicht von sich behaupten, er hätte Schussenried gesehen. Dies ist das Meisterstück des Klosterbaumeisters Jacob Emele, der noch beim Bau von Steinhausen als Maurer unter Dominikus Zimmermann gearbeitet hatte. Zimmermanns Beziehungen zu Schussenried könnten übrigens gut und gerne den Stoff für einen Roman abgeben; nicht nur durch die Umstände der Entstehung der Schussenrieder Wallfahrtskirche Steinhausen. Sein Sohn Thaddäus ist als Chorherr des Prämonstratenser-Reichsstifts 1753 gestorben. Zimmermanns Modell für die Bibliothek ist „in Gnaden abgeschlagen worden", um den eigenen Klosterbaumeister Jacob Emele „nicht für den Kopf zurstoßen". Es ist zu vermuten, daß danach das Verhältnis zwischen dem großen Meister aus Wessobrunn und dem „Schüler", der ein Untertan des Abtes war, nicht frei von Bitterkeit gewesen ist. Aber nicht der leiseste Hauch davon durchweht diesen Bibliothekssaal.

Luftbild von Schussenried

Eine der dominierenden Szenen des Freskos: Abt Nikolaus Wierith von Obermarchtal wird von Ludwig XIV. in Audienz empfangen. Ein Sujet, das staunen macht: ein deutscher Reichsprälat huldvoll aufgenommen am Hof des furchtbarsten Feindes des Reichs? Nun, Wierith galt als begabter Diplomat im Ordensgewand und hielt sich anläßlich eines Generalkapitels der Prämonstratenser im französischen Mutterhaus Prémontré auf. Abt Nikolaus Kloos wiederum ließ die Szene malen, weil er vermutlich auf seinen Namensvetter, den großen Abt Nikolaus von Obermarchtal, stolz war und damit wohl auch sich selbst ein Denkmal setzen wollte. Ein ziemlich barocker Höhenflug ikonografischen Hintersinns!

Pater Caspar Mohr starb 1625 im Alter von 50 Jahren in Göppingen. Er war ein in Mathematik und Naturwissenschaften bewanderter Mann. Daß er einen Flugapparat aus Gänsefedern gebaut hat, scheint sicher zu sein. Ob er damit geflogen ist, weiß man nicht genau. Er soll jedoch entschlossen gewesen sein, vom dritten Stockwerk des Dormitoriums in den Konventsgarten zu flattern. Daraufhin wurde er von seinem Abt mit einem Flugverbot belegt und der Flugapparat konfisziert.

Ist das der „Berblinger von Schussenried"? Pater Caspar Mohr und sein Flugapparat.

Im Gegenteil: wenn es überhaupt so etwas wie Heiterkeit in der Architektur gibt, dann in diesem Raum, in dem alles zu schweben scheint.

Man blickt auf zwei Etagen geschlossener Rokoko-Bücherregale. Die Türen sind mit Buchrücken bemalt und dahinter ist – nichts! 20 000 Bände wurden ein Opfer der Säkularisation. Die gräfliche Familie Sternberg-Manderscheid, das Königshaus Württemberg und ein Stuttgarter Antiquar haben sich daran bereichert. Ein Schicksal, das so ähnlich alle Klosterbibliotheken der Region traf. Einzig die originellen Klapptischchen und Hocker erinnern noch daran, daß dieser Raum wirklich dem Studium und dem Schreiben diente.

Zwischen 1754 und 1761 entstand die Schussenrieder Bibliothek. 16 Jahre nach der Wiblinger, die Jacob Emele kannte, und deren Konzept er erweiterte. Bauherr war Abt Nikolaus Kloos.

Die gesamte Innenausstattung des Saales dient hauptsächlich dazu, den reichen und vielfältigen Bestand der Schussenrieder Bibliothek zu demonstrieren. In dem gewaltigen Deckenfresko von Franz Georg Hermann, Hofmaler des Fürstabts von Kempten, zeigt sich diese Absicht besonders deutlich: Neben biblischen Themen des Alten und Neuen Testaments sind die Wissenschaften mit ihren Vertretern dargestellt. Bücher finden sich in allen Szenen, am Boden, als Lektüre der Gelehrten und Heiligen.

Kalixtiner und Hussiten zählten zu den „schlimmsten" Protestanten. Ihr Umgang mit dem Abendmahlkelch symbolisiert „Verwerflichkeit". Aber man sehe nur die netten Bubengesichter an. Hier hatte Fidel Sporer Humor mit Ketzern.

Muslime, die ärgsten Feinde der Christenheit. Aber wer könnte diesen beiden gram sein?

Auch in der Skulpturenausstattung zeigt sich die Tendenz zur Präsentation des Buchbestandes. Der Schwerpunkt liegt hier jedoch auf einem einzigen Thema, der Darstellung von Religionsstreitigkeiten und Glaubensinhalten.

Fidel Sporer aus Weingarten, der in der Basilika die große Kanzel geschaffen hat, setzte in den Schussenrieder Bibliothekssaal ein theologisches Figurentheater, das es in sich hat. Da werden immer die Anfechter, oder sollte man sagen Feinde des wahren Glaubens, ihren Widerlegern, übermächtigen Aposteln und Propheten, gegenübergestellt. Auf den ersten Blick scheint es sich um ein schlichtes Programm für vordergründige katholische Propaganda zu handeln.

Die Epikuräer – sündige Propagandisten des Wohllebens.

Die Schussenrieder Ketzer sind knubbelige, puttenartige Kindergestalten. Sie halten die Symbole ihrer Übeltaten in Händen. Die Hussiten und Kalixtiner etwa die Meßkelche, die auf ihren frevelhaften Umgang mit dem flüssigen Teil des Abendmahls hindeuten.

Die Epikuräer präsentieren auf einem Teller den Beinschinken als Ausweis ihrer Philosophie des Wohllebens. Der antike Denker Epikur hätte darüber vermutlich sehr gestaunt.

Brandgefährlich die kleinen Muslime, die rechthaberisch mit der Säbelspitze auf die Suren des Koran deuten. Aber keine Bange: ihnen allen wird von den übermächtigen Lehrern der „Una Sancta" kräftig Bescheid gestoßen.

Nun läßt sich darüber diskutieren, ob eine Bibliothek der Freiheit des Geistes Heimat zu sein habe und somit nicht der rechte Ort sei, dem Religionsstreit Denkmäler zu setzen.

Der Weingartener Benediktiner und Kunsthistoriker Dr. Gebhard Spahr zitierte in diesem Sinn seinen Ordensbruder im 18. Jahrhundert, den St. Galler Stiftsbibliothekar und Reiseschriftsteller Johann Nepomuk Hauntinger. Aber der, meint Spahr, sei eben „aufklärerisch angehaucht" gewesen. Für unser heutiges Empfinden hat Hauntinger mit seinem Unbehagen gegenüber dem intoleranten Programm der Schussenrieder Figurengruppe natürlich recht. Indes lohnt es sich da, ohne Verbiesterung die Ausführung näher zu besehen. Wer nicht grundsätzlich zum Lachen in den Keller geht und Humor oder gar Selbstironie für anarchistisches Teufelswerk hält, wird schnell herausfinden, daß diese Allegorien des Religionsstreits nicht ernstgenommen werden können. Ja, es besteht der begründete Verdacht, daß die Schöpfer dieser Kunstwerke, der Bildhauer Fidel Sporer und seine programmatisch tätigen Auftraggeber, bewußt unernst ans Werk gegangen sind.

Steinhausen. Die „schönste Dorfkirche der Welt".

Soviel war immer schon sicher: Das Wort von der „schönsten Dorfkirche der Welt" in Steinhausen ist zwar die griffige Werbeformel für ein touristisch nutzbares Schauobjekt des Barock in Oberschwaben, aber es ist falsch. Nicht, weil es der Kirche von Steinhausen an außerordentlicher Schönheit fehlte, sondern weil es sich bei ihr nicht um eine Dorfkirche handelt. Vielmehr ist dies die große Marienwallfahrtskirche der Reichsabtei Schussenried.

Die Proportionen machen es deutlich: Diese Kirche wurde keineswegs in das Dorf Steinhausen architektonisch integriert. Sie schwebt förmlich über den Dächern der Höfe, beherrscht weithin das Landschaftsbild.

Die Wallfahrt zum spätgotischen Gnadenbild der schmerzhaften Muttergottes hat sich nach und nach seit dem ausgehenden Mittelalter entwickelt. Das alte Kirchlein platzte aus allen Nähten. Neubaupläne gab es seit Beginn des 18. Jahrhunderts, sie wurden aber immer wieder zurückgestellt – unter anderem wegen der Belastungen, die der Spanische Erbfolgekrieg mit sich brachte.

Erst Abt Didakus Ströbele machte ernst. Und er gewann eines der größten Genies der deutschen Baugeschichte für sein Projekt: den jungen „Dominicus Zimmermann, Stuccator Landsbergensis" – so hat sich der Meister selbst unter der Orgelempore verewigt. Zimmermann brachte eine unerhörte Idee mit: anstelle eines braven, in den Kosten moderaten und überschaubaren Langhauses sollte der elliptische Raum treten. Das muß Ströbeles Konvent glatt entzweit haben. Der „konservative" Flügel hielt Zimmermanns Vision wohl für puren Luxus. Der Abt aber war in seiner Begeisterung nicht zu halten, zumal die Kosten, anfänglich mit 9 000 Gulden veranschlagt, durchaus erschwinglich erschienen.

In drei Jahren war die Kirche gebaut, Stuck und Fresken angebracht. Am 24. November 1731 konnte Abt Didakus den Bau konsekrieren. Aber bei der feierlichen Einweihung durch den Konstanzer Weihbischof Franz Anton von Sirgenstein am 5. Mai 1733 war Ströbele nicht mehr dabei. Da lebte er bereits „heiligmäßig" im lothringischen Kloster Wadgassen seinem traurigen Ende entgegen.

Was war geschehen? Die Endabrechnung für Steinhausen lautete auf rund 49 000 Gulden – das Fünffache des Kostenvoranschlags! War das Grund genug, einen Abt zu verbannen? Man kann sich das zumindest vorstellen, und in Oberschwaben ist die Meinung auch sehr verbreitet, der

Abt Didakus Ströbele

lockere Umgang mit dem Geld habe Abt Didakus Amt und Würden gekostet. Allein, eine wohl ziemlich gehässig geführte Visitation Schussenrieds unter der Regie des Roter Abts Hermann Vogler monierte auch die „Großzügigkeit" Ströbeles und diverse Disziplinlosigkeiten in seinem Konvent.

Luftbild von Steinhausen

35

Der Hochaltar von Steinhausen

Ich durfte zu dem Thema Didakus Ströbele ein Interview mit dem heutigen Pfarrer von Steinhausen, Franz Mäule, führen. Es ist ein schönes Beispiel dafür, wie sehr in dieser Region das 18. Jahrhundert lebt. Man hat zu dieser Geschichte eine Meinung und vertritt diese engagiert:

Wie weit ist es denn richtig, daß die Absetzung des Abts Didakus Ströbele mit der Baugeschichte dieser Kirche zu tun hat?

Das stimmt überhaupt nicht, und ich bin dankbar, hier eine falsche Legende aufklären zu können. Das stimmt bei der Wieskirche, mit der wir ja aufs engste verwandt sind durch die Brüder Zimmermann. Dort der Abt von den eigenen Leuten abgesetzt, hier umgekehrt ein sehr beliebter Abt. Er mußte aus Gründen fehlender Disziplin in seinem Kloster zurücktreten, kurz bevor hier die Kirche im Mai 1733 eingeweiht wurde.

Also nicht das Überziehen der Baukosten ums Fünffache war der Grund?

Diese Überziehung ist zwar richtig, stimmt genau, das heißt von 9 000 Gulden kam man auf etwa 50 000 Gulden. Aber das hat mit der Absetzung des Abtes nach unserer Kenntnis – das wurde genau studiert – überhaupt nichts zu tun. Das ist eine falsche Behauptung.

Ärgert Sie eigentlich die Legende, die Ihrer Meinung nach falsch ist?

Teils, teils. Denn der Abt wäre besser weggekommen, wenn er durch luxuriöses Bauen zu Ehren der Gottesmutter, zur Ehre Gottes hätte gehen müssen, als daß er zu nachlässig war in der Aufsicht über seine Chorherren, die das ausnützten. Ein frommer, kunstfreudiger Mann, aber zu wenig wachsam.

Das Gnadenbild am Hochaltar der Kirche von Steinhausen

Ihretwegen wurde die Kirche gebaut: die gotische schmerzhafte Muttergottes gehörte zum wertvollsten Besitz der Reichsabtei Schussenried.

Am 29. September 1735 fand die Überführung der Pietà in einer feierlichen Prozession von Schussenried zum Hochaltar der neuen Kirche von Steinhausen statt. Die Statue selbst wurde durch Goldauflagen auf ihrem Gewand und eine mit Edelsteinen besetzte Krone prächtig geschmückt, da die schlichte gotische Holzskulptur nicht mehr den Ansprüchen des barocken Kunstsinns und ihrer erforderlichen Repräsentationsfunktion entsprach. Ihre Strenge und Ausdrucksstärke machen deutlich, daß sie aus einer ganz anderen Welt stammt als ihre Umgebung.

Die Kirche von Steinhausen vermittelt, von außen betrachtet, den Eindruck einer konventionellen kreuzförmigen Anlage mit einem Lang- und einem überschneidenden Querhaus. Der Innenraum aber überrascht, da Dominikus Zimmermann seine Idee eines längselliptischen Raumes verwirklicht hat.

Der Hochaltar, auf dem die Pietà thront, geht, wie die Nebenaltäre auch, auf Joachim Früholz zurück, der seinerseits einem Entwurf von Dominikus Zimmermann folgte.

Das Altarbild von Franz Martin Kuen gehört zur Pietà und stellt die Kreuzabnahme mit der gleichen Szene dar, die auch im Gnadenbild verkörpert ist: Maria hält ihren toten Sohn auf dem Schoß.

Putten scharen sich um die gotische Skulptur. An diesen „Statussymbolen" barocker Kirchenkunst scheiden sich noch heute die Geister: Die Urteile reichen von „lieb" bis „kitschig-süßlich", von „lebensfroh" bis „zu drall". Johann Joachim Winckelmann, ein Zeitgenosse Goethes und einer der Mitbegründer der kunsthistorischen Wissenschaft in Deutschland, meint mit mildem Spott, sie hätten mehr Milchfleisch denn anderes.

Ein Putto am Hochaltar

Johann Baptist Zimmermann. In Stuck modelliert von seinem Bruder Dominikus.

Johann Baptist, der Bruder des Dominikus Zimmermann, war ein Virtuose der dekorativen Fresko-Malerei. Er schuf das Deckenfresko, das sich über die gesamte Raumlänge erstreckt. Thema des Bildes ist die Himmelfahrt Mariens im Beisein zahlreicher Heiliger. Es findet sich außerdem eine Szene des Alten Testaments. Der Sündenfall Adams und Evas im Paradies in Form einer weit in die Tiefe führenden Gebirgslandschaft steht dem sogenannten hortus conclusus auf der Gegenseite des Deckengewölbes entgegen: In einem geschlossenen Garten steht ein Brunnen, dem der Gnadenstrahl entspringt. Beide, hortus conclusus und Gnadenbrunnen, sind Mariensymbole, die der Maler als Antithese zum gegenüberliegenden Sündenfall darstellt.

Zimmermann ergänzte diese Darstellungen an der Randzone um die Personifikationen der damals bekannten vier Erdteile. Seine Malweise bleibt allerdings im Dekorativen, nach Rokoko-Maßstäben Modischen. Da steht keine Vision vom Gesicht der Völker dahinter wie in Andreas Etschmanns Marchtaler Chorgestühl.

Der Künstler verzichtete zugunsten von Landschaftselementen auf Architekturangaben. Konkrete Landschaftsdarstellungen bestimmen die

Deckenfresko von Johann Baptist Zimmermann mit dem Porträt des Dominikus Zimmermann (mit Schimmel)

Detail. Hortus conclusus

Detail. Erdteile – Afrika

Für die Kunst des Barock und dessen Fortsetzung, das Rokoko, existierten nur vier Erdteile. Nicht einmal James Cook wußte, als er 1770 die Ostküste Australiens kartographierte, daß er einen neuen Kontinent entdeckt hatte. Vom neuen Erdteil sprach erst 1780 der deutsche Begleiter Cooks, Johann Reinhold Forster. Aber da war Forster schon Professor in Halle.

Detail. Erdteile – Asien

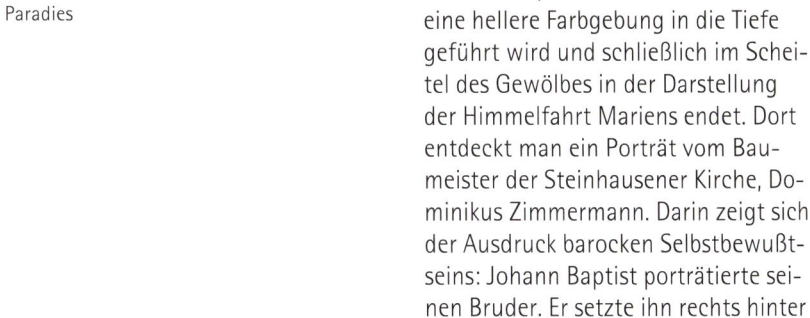

Detail. Sündenfall im Paradies

Randzonen, von denen der Blick durch eine hellere Farbgebung in die Tiefe geführt wird und schließlich im Scheitel des Gewölbes in der Darstellung der Himmelfahrt Mariens endet. Dort entdeckt man ein Porträt vom Baumeister der Steinhausener Kirche, Dominikus Zimmermann. Darin zeigt sich der Ausdruck barocken Selbstbewußtseins: Johann Baptist porträtierte seinen Bruder. Er setzte ihn rechts hinter die Muttergottes mit einem stolzen Schimmel am Zügel.

In der Kirche existiert auch von Johann Baptist Zimmermann ein Bildnis. Dominikus hat seinen Bruder, den Maler, in Stuck verewigt. Demnach haben sich in Steinhausen beide Brüder gegenseitig kleine Denkmäler gesetzt.

Detail. Erdteile – Amerika

Die Wallfahrtskirche von Steinhausen bildet das Ende der Reise entlang der Route Dauphinée ins Herz Oberschwabens: Eine Kirche, die mitten im Dorf geblieben ist und die ihre Nachbarschaft bis zum heutigen Tag dominiert.

39

Der zweite Teil
Von Herren und Knechten

Bert Brecht, Dichter aus Augsburg am Lech, war es, der die hochtrabende Geschichtsbuchweisheit, Caesar habe Gallien erobert, mit der banalen Frage konterkariert hat, der Imperator werde doch wenigstens einen Koch mit dabei gehabt haben? Daran zu erinnern, wird heute gern falsch ausgelegt, man hat – wie ich erfahren durfte – ganz schnell den Ruf, ein „Neomarxist" zu sein. Ich bleibe trotzdem dabei, daß es ohne Koch nicht geklappt hätte, mit Gallien.

Und wo wäre der barocke Sturmlauf der Baukunst abgeblieben, ohne die Maurer, Steinhauer, Stukkateure, Bildhauer, Maler, Ziegelschläger, Gerüstebauer, Zimmerleute, Schmiede, Werkzeugmacher, Fuhrleute, Hilfsarbeiter? Nichts wäre entstanden von all der Pracht. So wird denn in der gängigen Literatur auch wacker die Rolle der Handwerker gewürdigt. Allerdings scheint eine gewisse Scheu zu bestehen, sich diesen Menschen bis auf die schweißnasse, vor Kälte oder vor Angst zitternde Haut zu nähern. Wer daran zweifelt, sollte sich auf ein hohes Sims unterhalb eines Deckenfreskos begeben.

Man stößt auf viele Merkwürdigkeiten, will man die Finanzierung der Bauten und das wirtschaftliche Umfeld beschreiben. Da gibt es detaillierte Rechnungen auf Gulden und Kreuzer genau, die Buchführung mancher Abtei würde jedem modernen Rechnungshof standhalten. Ferner fehlt nie der Hinweis, die Baulust oder -wut der Äbte habe schließlich viele Leute ins Brot gesetzt, war also nach modernen Begriffen Arbeitsbeschaffung. Wohl wahr! Aber auch wir Heutigen wissen, daß Arbeitsbeschaffung erwirtschaftet werden muß. Die Frage ist nur: wie und zu welchem Zweck? Und: was davon ist in der sichtbaren Hinterlassenschaft des Barock auch für uns heute Lebende erkennbar? Für uns, die wir das wirkliche Lebensgefühl von damals aus vielerlei Gründen kaum nachempfinden können.

Argumente genug, die Kilometerleistung auf der Barockstraße einzuschränken zugunsten des Themas „Von Herren und Knechten" und einiger ortsfester Beobachtungen. Meine Wahl fiel auf die ehemalige Benediktiner-Reichsabtei Weingarten als geistliche Herrschaft, auf Wolfegg als weltliche Herrschaft eines Zweiges des Fürstenhauses Waldburg und – mit einem kleinen, etwas unernsten Schlenker – auf den heutigen Umgang mit der „Obrigkeit" in der Fasnet der bürgerlichen Kleinstadt Bad Waldsee.

Weit hinten am Horizont die Abtei über dem Schussental. Das Dörfchen Staig im Vordergrund war ihr Eigentum. Seine Bewohner gehörten samt und sonders zu den 11 000 leibeigenen Bauern Weingartens.

Monumental und doch ein Torso: die Reichsabtei Weingarten. Auf dem Martinsberg sollte ein "Schwäbischer Escorial" entstehen, inmitten der Klosteranlage eine Kirche, welche die Vision des Petersdoms in Rom heraufbeschwört. Die Basilika ist in ihren Ausmaßen die größte Barockkirche nördlich der Alpen. Aber alle modernen Superlative können die Schönheit und Würde dieser Anlage nicht fassen.

Die ganze Nacht hat es schon geregnet. Der Himmel ist grau, die Sonne bricht nicht durch die dichtverhangenen Wolken. Die Dachlandschaft des Klosterkomplexes glänzt vor Nässe. Eine unserer beiden Kameras steht auf dem Flachdach des naturwissenschaftlichen Trakts der Pädagogischen Hochschule. Sie kann den Klosterhof überblicken, wo Hunderte von Reitern – aufgesessen oder noch ihre Tiere schonend – warten, daß auch sie losziehen dürfen. Draußen, auf den Straßen ertönt schon Musik und Hufschlag auf hartem Grund. Die ersten Gruppen der Blutreiter sind auf dem langen Weg durch die Stadt und die Fluren um Weingarten.

Die zweite Kamera steht am Ausgang des Klosterhofes und wartet auf den Blutreiter, der die Mitte der großen Prozession bilden wird. Man fröstelt unter Regenschirmen. Die meisten Reiter schützen ihre kostbaren Zylinderhüte mit transparenten Kunststoffüberzügen. Kunststoffpelerinen auch über den Fräcken und den feierlichen Schärpen. Der Regen wechselt mit regelrechten Güssen ab, der Vorrat an trockenem Rehleder zum Putzen der Objektive wird knapp.

Wehmut kommt auf. Wie oft haben wir schon Deutschlands größte Reiterprozession bei herrlichem Frühlingswetter gedreht, und jetzt, da sich die Schenkung der Reliquie zum neunhundertsten Mal jährt, dies!

Plötzlich bemerken wir, wie sich die Beine der Pferde im Asphalt spiegeln. Und wir sehen, daß kaum einer der Reiter ein mürrisches Gesicht macht. An der zweiten Station, beim sogenannten Galgenkreuz, frage ich einen, warum er das alles auf sich nimmt. „Weil's schön ist und Spaß macht", lautet die bündige Antwort. Dann nimmt er seine Fahnenstange ein wenig fester in die Hand und reitet in jenem Schrittempo weiter, das im Sattel das Beten und Singen, aber auch zwischendurch ein Schwätzchen erlaubt.

Selbstverständlich existiert eine reichhaltige Literatur über den Blutritt und ebenso viele ausführliche theologische Begründungen seiner Existenz. Sie hätten aber diese Flurprozession zu Pferde nicht bis heute in einer Frische sondersgleichen am Leben gehalten, wären hier nicht in der Bürgerschaft die Volksfrömmigkeit und die Freude an schönen und unverwechselbaren Formen ein sehr starkes Bündnis eingegangen.

Als der Blutreiter Pater Markus Talgner mit etwas klammen Gelenken beim Feldaltar am Galgenkreuz vom Schimmel steigt, haben hier Hunderte Menschen schon im Regen stehend gebetet und gesungen. Alte und junge, einige in sportlich bunten Regenanzügen, Omas mit dem Plastikkopftuch über der Dauerwelle. Pater Markus spricht die alten Fürbitten um eine gute Ernte und den Schutz vor dem Unbill des Wetters. Dann hebt er das Reliquiar und erteilt den Segen. Einen Augenblick lang scheint die Zeit stillzustehen. Wie heißt der Ort, an dem das heilige Behältnis hochgehalten wird, um dann ein Kreuzzeichen in den Regenhimmel zu schlagen? „Am Galgenkreuz" – hier befand sich die Richtstätte der Reichsabtei.

Wir sind wieder im Klosterhof auf dem Martinsberg. Die Menschen, dicht an dicht, beginnen zu schwitzen, denn jetzt, zum Ende des Festes ist es warm geworden, die Sonne ist da. Zu fröhlicher Marschmusik durchqueren die höchsten anwesenden kirchlichen Würdenträger, der Berliner Kardinal Georg Maximilian Sterzinsky, der Bischof von Rottenburg Walter Kasper und der Abt von Weingarten Lukas Weichenrieder, in vollem Ornat die Menge in Richtung Feldaltar. Ein purpurroter Baldachin mit Goldstickerei beschattet die hochwürdigen Herren. Vom Eingang des Platzes her naht, unter dem Geläute einer Handglocke, der Blutreiter. Er macht einen großen Bogen bis vor den Fruchtkasten, wobei er die Menge segnet, gibt dann die Reliquie ab, die zum Altar getragen wird. Noch einmal werden die Fürbitten gebetet, noch einmal erfolgt – nun durch den Kardinal – der Segen mit der Reliquie, die Blaskapelle stimmt das „Te Deum" an, die Umstehenden fallen ein.

Was müßte man eigentlich tun, um sich der Faszination all dessen zu entziehen? Alle großen Religionen der Welt wissen um die Sehnsucht der Menschen nach Form, die nur durch gekonntes Gestalten zu stillen ist. Die eindringliche Form ist es, die den grauen Alltag zu druchbrechen vermag und sogar die Langeweile des immer gleichen Elends. Zudem wird der Glanz der großen Kirchenfeste niemandem vorenthalten. Ganz im Gegenteil, er wird als Mittel der Kommunikation genutzt. Dies alles ist noch lange nicht erloschen, ja es hat womöglich eine längere Lebensdauer, als manche, für heute lebende Menschen kaum mehr nachvollziehbaren Glaubensinhalte und Vorschriften der Kirchen. Um deren Festigung im Bewußtsein des Volks aber geht und ging es den Hierarchen. Im 18. Jahrhundert diente dem ein ganzer Kosmos aus ineinandergreifenden Künsten. Die Auftritte des großen liturgischen Theaters wurden begleitet von großer Musik und fanden auf „Bühnen" statt, welche die besten Baumeister, Bildhauer und Maler der Zeit hergestellt hatten.

In ganz Weingarten gibt es nur ein Fenster, das diesen Blick auf Basilika, Altstadt, den Zug der Blutreiter und die rotweiße – an das vorderösterreichische Altdorf erinnernde – Stadtfahne erlaubt. Zum 900jährigen Jubiläum des Heiligen Bluts haben sich dort die Kameraleute die Klinke in die Hand gegeben und die Familie des Apothekers wurde auf eine harte Probe ihrer Toleranz gestellt.

Der Blutreiter reitet immer auf einem starken Schimmel. Am Morgen vor dem Ritt wird das kostbare Reliquiar an sein rechtes Handgelenk gekettet. Während der ganzen Prozession wird sein Kommen mit einer Handglocke angekündigt.

Der alljährlich in Weingarten stattfindende Blutritt nimmt auf die Schenkung der Heilig-Blut-Reliquie Bezug. Im Jahre 1094 übergab Judith von Flandern, die Gemahlin Welf IV. und Stifterin Weingartens, den Mönchen des Klosters die Reliquie der mit dem Blut Christi getränkten Erde von Golgotha. Ein derartig wertvoller Besitz machte Weingarten bald zu einem berühmten Wallfahrtsort. Die Weingartener Flurprozession mit der Heilig-Blut-Reliquie und unter Beteiligung von Reitern wurde 1529 zum ersten Mal schriftlich erwähnt. Darin wird aber auch deutlich, daß dieser Brauch schon geraume Zeit zuvor bestand. Es muß sich um eine Flurprozession gehandelt haben, die am Freitag nach Christi Himmelfahrt um Gottes Segen für Stadt und Flur betete. Daß so ein Brauch in der Zeit der Gegenreformation eine triumphale Blüte erlebte, liegt auf der Hand: eine machtvolle Demonstration des Katholizismus! Die Krise kam mit der Säkularisation, mit dem Einzug aufklärerischen Gedankenguts auch in Kirchenkreise. Zudem fiel Oberschwaben zur Gänze unter die Herrschaft des protestantischen württembergischen Königshauses. Der Generalvikar des Konstanzer Bischofs, Ignaz Heinrich von Wessenberg, ein „aufgeklärter" Theologe, schickte sich 1804 an, „den sogenannten Blutritt bald zur Ehre der Religion und der Polizei in Vergessenheit zu bringen". Dem Brauch selbst unterstellte er „Unordnung, Ausschweifung und Unglücksfälle", so daß es jedem vernünftigen Christen wohl einleuchten müsse, „daß bei dieser sonderbaren Feierlichkeit, wo eine so große Menge von Menschen und Pferden zusammenströmt, keine wahre Andacht stattfinden könne".

Die Weingartener haben sich noch im 19. Jahrhundert ihr Recht auf den Blutritt zurückerobert. Die neuen Autoritäten waren offenbar nicht so anerkannt, daß man ihnen ein solches Stück der eigenen Identität opfern wollte.

Es wäre indessen zu billig, die neuen aufklärerischen Tendenzen auch eines Wessenberg samt und sonders als plumpe Gängelung der reinen Volksseele abzutun. Plakativ ausgedrückt sahen die „Aufklärer" in den zuweilen bombastischen „barocken" Formen der Volksfrömmigkeit eine Handschrift, welche die alte, absolutistische, abgewirtschaftete Kirchenherrschaft in der Vorstellungswelt der Menschen hinterlassen hatte.

Bei Sonnenschein wird erst deutlich, daß der Blutritt eine Flurprozession ist, in deren Mittelpunkt die Bitte um eine gute Ernte steht. Die Reiter beten während des Ritts Fürbitten und Rosenkränze, einige Gruppen singen sogar zu Pferde.

Die Beliebtheit des Blutritts wächst seit dem Kriegsende stetig. Zum 900-Jahr-Jubiläum waren 3 000 Reiter gekommen. Die Rekordbeteiligung des spätbarocken Jahres 1753 mit 7 055 Reitern bleibt aber wohl ein singuläres Ereignis.

Wenn es in Oberschwaben ein Stück exemplarischer Herrschaftsarchitektur gibt, dann ist es die Schauseite der Basilika von Weingarten.

Hoch oben steht die Kopie des Reliquiars, das in Form eines vergoldeten und mit Edelsteinen verzierten Doppelkreuzes einen Bergkristall enthält, in dem sich die mit dem Blut Christi getränkte Erde befindet. Die Reliquie wurde von alters her vom Volk als heilbringendes Symbol verehrt. Man erhoffte auch Heilung in durchaus irdischem Sinn. Die Abtei hat die Form des Reliquiars aber auch genutzt, um damit Herrschaftsansprüche zu markieren.

Die Fassade selbst erweckt den Eindruck massiver Steinarchitektur. Sie ist aber nur mit Steinplatten verkleidet. Echte Steinarchitektur, wie sie noch in der Gotik errichtet wurde, war mit der politisch motivierten Schnelligkeit des Baus unvereinbar. Ganz zu schweigen von den Kosten! Der Entwurf der Fassade von Donato Giuseppe Frisoni trägt italienische Züge, bringt aber auch etwas vom Geist Fischer von Erlachs, des Meisters der Salzburger Kollegienkirche, nach Oberschwaben: virtuos geformtes Imponiergehabe.

Die Fassade wölbt sich zwischen den beiden Seitentürmen konvex hervor, ist durch vorgeblendete Pilaster vertikal gegliedert und läßt dadurch schon die Raumaufteilung des Inneren erahnen.

Direkt über das Westportal hat der Bauherr, Abt Sebastian Hyller, das Wappen der Abtei, kombiniert mit seinem persönlichen Wappen, setzen lassen. Da sind sie, die vereinten Symbole der absolutistischen Macht:

der Stab des Hirten der Herde,
die Mitra des geistlichen Herrn über die Herde,
das Schwert der weltlichen Gewalt, der hohen Gerichtsbarkeit.

Der Abt war Herr über Leben und Tod.

Die weltliche Gerichtsbarkeit – im Wappen Abt Hyllers durch das Schwert symbolisiert – galt als das bedeutendste Rechtsgut der Territorialherren, ja als das Zeichen von Souveränität auf eigenem Boden schlechthin. Die niedere und hohe Gerichtsbarkeit war daher auch ein Gut, das vom Kaiserhaus teuer gehandelt wurde. Meist wurde es nur befristet als Pfand verkauft. Zwischen 1662 und 1779 bezahlte die Reichsabtei Weingarten für die Gerichtsbarkeit 230 000 Gulden. Verständlich war das, wenn man bedenkt, daß das Haus Österreich in seiner Territorialpolitik mit dem Leitsatz „Soweit die Gerichtsbarkeit reicht, soweit reicht das Territorium" operierte.

Die Fassade der Basilika von Weingarten. Sie wird bekrönt von einer Nachbildung des Reliquiars. Über dem Hauptportal ist das Wappen Abt Hyllers zu sehen.

Es war letztlich die Überfülle der Macht, die diesem System den Todesstoß versetzt hat. Sie war vergleichbar mit den aus dem Gottesgnadentum der weltlichen Herrscher abgeleiteten Ansprüchen, die von lebenden Menschen nicht mehr glaubhaft verkörpert werden konnten.

Grundherr, oberster Steuereintreiber, oberster Priester vor Ort, Kläger, Richter und Herr der Vollstreckung – alles in einer Person? Ein Abt wie Sebastian Hyller agierte zudem als höchste Autorität auf dem Gebiet der Kunst, und er muß in dieser Hinsicht über beträchtliche Gaben verfügt haben.

Schon beim Betreten des Innenraumes der Basilika gerät man ins Staunen. 106 Meter beträgt die Länge des Schiffs. Das entspricht genau der Hälfte des Mittelschiffs des Petersdoms. Dieser Maßstab wurde auch bei allen anderen wichtigen Maßen übernommen. Der Hochaltar hinter dem vergoldeten Chorgitter scheint entrückt. Mensch, hier wird dir dein bescheidenes Maß vor Augen geführt, also hebe deine Augen gen Himmel – und staune ein zweites Mal. Hoch oben in der Decke, eingebettet in wunderschöne, klare Stuckbänder, hat der große Cosmas Damian Asam, unterstützt von seinem jüngeren Bruder Egid Quirin, den Himmel mit dem Pinsel geöffnet und mit Glaubensinhalten gefüllt. Der Reichtum des Bildprogramms sucht seinesgleichen; ihn hier darzustellen würde den Rahmen dieses Buches sprengen. Aber selbst der oberflächliche Betrachter wird erkennen können, wie virtuos Asam sich hier als „Bühnenmaler" erweist.

Details vom stürzenden Teufel, Kaisern, Kirchenfürsten

Triumph Benedikts von Nursia. Gesamtansicht

Das zentrale Fresko des Langhauses zeigt den „Triumph" des Ordensgründers Benedikt von Nursia.

Asam malt hier eine geometrische, also in Linien geführte Perspektive, indem er die mächtigen Pfeiler der realen Architektur detailgetreu fortführt und damit optisch ihre Höhe gewaltig steigert. Darüber setzt er den Rand einer Kuppel.

Aber darauf folgt keine gemalte Kuppel (Scheinkuppel), sondern der geöffnete Himmel mit dem Heiligen und seinen Jüngern.

Neben der geometrischen wendet Asam auch die Perspektive der Farben an. Dem Auge des Betrachters am nächsten stürzt der Teufel regelrecht aus dem Bild, neben ihm mit den Pfauenfedern die Allegorie der Superbia, des Hochmuts, die sich von Gott abgewandt hat. Beide Figuren sind äußerst realistisch in prallen, dichten Farben gemalt.

Eine Etage höher ist die Farbe der Könige, Fürsten, Päpste und Bischöfe schon transparenter.

Der große Heilige schließlich scheint sich in mystischer Helle aufzulösen, die Malerei erreicht hier einen hohen Grad an Abstraktion: Die Kugel, zu der Benedikt schaut, ist nicht die Sonne, sondern steht für das Licht der heiligen Dreifaltigkeit.

Alles in diesem Bild dient der Erhöhung des Heiligen, der mehrfach in seinem Leben den Versuchungen des Teufels widerstanden und diesen zur Hölle geschickt hat. Allein schon die Plastizität dieses „gemalten Theaters" muß Menschen, die keine modernen Medien kannten, ungeheuer beeindruckt haben. Zudem liegt es wohl in der Natur des Menschen, Bildern, die in so hohem Maße anschaulich Vorgänge schildern, auch eine hohe Glaubwürdigkeit zuzubilligen.

66 Meter über der quadratischen Vierung des Mittelschiffs schwebt die Laterne der Tambour-Kuppel. Auch hier wurde wieder die halbe Höhe des Petersdoms als Richtmaß verwandt, um dadurch den Bezug zur päpstlichen Kirche in Rom zu schaffen. In die Kuppel hat Cosmas Damian Asam sein größtes Fresko gemalt. Der Inhalt: Ehre sei Gott in der Höhe! Und zu seiner Ehre wird ein ganzer Kosmos von Heiligen und Allegorien aufgeboten. Nahezu 2000 Figuren umfaßt dieses Bild. Sie sind in einer Prozession angeordnet, die von Christus angeführt wird und ihr Ziel bei Gott hat.

Gebhard Spahr hat das auf den Punkt gebracht, indem er von einer grandiosen Illustration des „Te Deum" sprach. Ein solches Bild in schwindelnder Höhe zu malen, bedeutet neben der schöpferischen Leistung eine unerhörte körperliche Anstrengung und die Beherrschung großer technischer Fähigkeiten. Es wurde in der Technik des „Fresko" geschaffen, der Maler konnte die Farben demnach nur auf den nassen Verputz auftragen. Das hieß aber auch, daß verputzte Flächen, die vor dem Malen trockneten, wieder abgeschlagen und neu aufgebracht werden mußten. Ferner hat der Maler direkt vor Ort keinerlei Überblick über Proportionen oder gar deren korrekte perspektivische Verkürzung. Die Lösung des Problems erfolgt zweifach: Zum einen wurde ein numeriertes Raster, vergleichbar den Längen- und Breitengraden des Globus, in den Verputz gekratzt. Zum anderen wurden Kartons in Originalgröße mit den vorgelochten Konturen angefertigt (wie Schneider mit Schnittmustern verfahren). Diese Kartons wurden auf den Verputz gehalten, dann schlug man mit einem Kohlestaubbeutel entlang den Lochlinien und erzeugte so eine Pause der Kontur.

Kuppelfresko.
Gesamtansicht

Eine Frau mit der Tiara, der Krone der Päpste! Barocke Freude an der Allegorie machte es möglich. Es ist die „Mutter Kirche – Ecclesia". Eine der Hauptfiguren des Kuppelfreskos. Im päpstlichen Ornat thront sie unterhalb von Gottvater.

Gleich rechts hinter ihr, also an prominenter Stelle, hat sich Cosmas Damian Asam selbst verewigt. Der Künstler aus München, der mit seinen Arbeiten in Weingarten den Grundstein zum eigenen Weltruhm legte, wußte schon, wer er war. Aber er kam wie die anderen großen Künstler der Epoche vom Handwerk her, und das bewahrte diese Menschen bei aller Genialität vor akademischen Dünkeln.

Sein Credo lautete schlicht, er kenne keine größere „Fraid", als seinem Herrgott eine schöne Kirche zu bauen. Indes, die „Fraid" scheint den Herren des Konvents nicht ganz ausgereicht zu haben. Immer wieder drängten sie Asam zu höherem Arbeitstempo, führten nebenher Verhandlungen mit Konkurrenten des Meisters, die – im Fall des Falles – das große Werk schneller fertigstellen sollten. Aber dieser Fall trat, zu unserer heutigen Freude, doch nicht ein.

Details mit Ecclesia und Asams Porträt

Bilder setzen Zeichen der Macht. Das Deckenfresko ist keine Erfindung des Barock und schon gar keine deutsche Errungenschaft. Die großen deutschen Freskanten haben alle von den Italienern, vornehmlich Andrea Pozzo gelernt. Aber nirgends wurde die Kunst der politischen Propaganda in der Freskomalerei so konzentriert betrieben wie im deutschen Barock. Es hatte eben nirgendwo anders einen vergleichbaren Anlaß zur Gegenreformation gegeben.

Nichts in den Fresken des Cosmas Damian Asam ist ohne Absicht in die Welt gesetzt, oder l'Art pour l'art. Das ließ schon die Stringenz der vorgeschriebenen Bildprogramme nicht zu. Solche Absichten zeigen sich in vordergründigen, etwa eindeutigen Szenen mit klar erkennbaren Handlungen, die zudem oft vertraute biblische Stoffe oder Legenden darstellen. Dann gibt es aber auch Absichten der Malweise – etwa die Tendenz zu imponieren, Dinge größer erscheinen zu lassen, sie zu überhöhen. Auch das erschließt sich dem Betrachter ohne weiteres, hat er einmal gewisse Prinzipien barocker Malerei erfaßt. Komplizierter wird es schon, heute noch die volle Bedeutung von Symbolen nachzuvollziehen, und nicht jede Allegorie ist für uns, die wir inzwischen in einer völlig veränderten Bilderwelt leben, ohne Hilfestellung zu deuten.

Das Heilig-Blut-Fresko. Die Erhöhung des Heiligen Blutes. Gesamtansicht.

Die Handlung selbst ist schnell erzählt: Aus der Seite Christi spritzt das Blut in hohem Bogen ins Auge des Legionärs Longinus, dem der Legende nach die Reliquie zu verdanken ist: demnach hat er jene mit dem Blut Jesu getränkte Erde von Golgatha gesammelt und bewahrt. Longinus soll so vor Blindheit gerettet worden sein. Genau in der Mitte des Bildes, auf einem kostbaren Kissen, wird die Reliquie selbst von einem Blutstrahl getroffen. Diese Darstellung soll sicherlich die Echtheit der Reliquie bekräftigen. Darunter, am Fuße der wiederum grandios gemalten Scheinarchitektur, erhoffen und erflehen die Mühsamen und Beladenen die Hilfe des Heiligen Blutes.

Aber wie sehen diese Armen und Kranken aus? In ihren Gesten liegt eine gewisse Dramatik, ansonsten sind sie aber wohlgenährt und von gesunder Hautfarbe; selbst jene Frau, der eben ein geflügelter Teufel entführt. Das jedenfalls kann nicht das Bild gewesen sein, das die Mühseligen und Beladenen des Barock in Wirklichkeit abgegeben haben. Asam hat hier also bewußt ein geschöntes Bild der geplagten, einfachen Leute gemalt, und er befindet sich mit dieser Unterlassung sozusagen in der allerbesten Gesellschaft seiner barocken Berufsgenossen.

Man will es zunächst gar nicht glauben, aber den großen Meistern dieser Kunst war das wirkliche Aussehen der kleinen Leute in ihren Nöten keinen Pinselstrich wert – von ganz wenigen Ausnahmen abgesehen. Da gibt es nichts, das auch nur annähernd mit den Darstellungen des Bauernlebens von Albrecht Dürer vergleichbar wäre. Im Propagandakonzept der Gegenreformation waren die kleinen Leute nie Gegenstand, sondern zu Glauben und Gehorsam verpflichtete Empfänger der Botschaft „von oben".

Detail der Flehenden

Detail des Reliquiars auf dem Kissen

Das Reliquiar mit dem Heiligen Blut befindet sich genau in der Bildmitte des Freskos. Ein Platz, der Autorität suggeriert, der alle Zweifel und Unsicherheit von vornherein ausschließt. Die Form des Reliquiars wurde zum Herrschaftssymbol der Reichsabtei schlechthin – bis hin zur Markierung höchst weltlicher Besitzansprüche, die auf Gulden und Kreuzer zu bedienen war.

Die Hoftafeln – Werke unbekannter Künstler.

Da sind sie wieder, die unverwechselbaren Umrisse des Reliquiars. Nun aber nicht aus der Hand des großen Asam, sondern von „naiven" bäuerlichen Künstlern etwas ungelenk auf Holz gemalt. Diese Hoftafeln hingen über den Eingängen der zur Reichsabtei gehörenden Bauernhöfe und zeigten zweierlei an:

Erstens hat dieser Hof einen Hausheiligen, der dem Anwesen den Namen gibt, und zweitens ist er Besitz der Abtei: Er steht unter dem Zeichen des Heiligen Blutes.

Diese Verwendung des Symbols mutet uns heute wie die Kennzeichnung des Viehs mit dem Brandeisen an.

Wer so eine Tafel über seiner Haustür hatte, war leibeigen, seine Frau war leibeigen, selbst wenn sie vor der Hochzeit frei gewesen wäre, und seine Nachkommen waren es auch, es sei denn, diesen Bauern wäre es gelungen, über Generationen das Geld für den Freikauf anzusparen. Oder sie wurden eines Gnadenaktes des Abts teilhaftig. Derlei aber war selten.

Das Thema ist bis heute umstritten und – zurecht – emotionsbeladen. Es geht schließlich um Menschenschicksale, um Leid, Angst, Überlebenskampf, Drangsalierung, Mißernten, Freiheit und Zwang und den jedem Menschen innewohnenden Funken an Gerechtigkeitsempfinden.

Rein rechtlich bedeutete die Leibeigenschaft folgendes: Eigentümer mit Verfügungsgewalt über Grund, Hof, Leib und Lebensgestaltung war der Grundherr.

Eine Fülle von Abgaben summierte sich – je nach der Wirtschaftslage oder der sozialen Neigung des Abts – zu einer Steuerquote von 35 bis 40 Prozent, und das nicht für nach heutigem Verständnis „Besserverdienende", sondern für Menschen, die mit ihrer Hände Arbeit ums Überleben kämpften. Dies darf besonders für Mißerntejahre wörtlich genommen werden. Dazu fehlte es an den modernen agrarwissenschaftlichen Kenntnissen, die für uns heutzutage selbstverständlich sind.

Ohne Erlaubnis und entsprechende Gebühr durfte nicht geheiratet werden.

Es fehlte an Freizügigkeit. Den Hof ohne die (teure) Entlassungsurkunde (Manumissio) mit dem Siegel des Abts zu verlassen, kam einer Desertion gleich. Wer dies tat, war vogelfrei, genoß also keinerlei Rechtsschutz mehr. Auch nicht jene bescheidene Fürsorge (wie Armenspeisung oder die eventuelle Aufnahme ins Hospiz), zu der der Grundherr verpflichtet war.

Starb der Bauer oder die Bäuerin, war dies für die Familie nicht nur eine menschliche Tragödie, sondern auch ein wirtschaftlicher Aderlaß: Das beste Stück Vieh, das beste Gewand und ein Drittel des erwirtschafteten Vermögens fielen an den Grundherren. Zudem war die Rechtssicherheit der Erbfolge seit dem Mittelalter von den Grundherren kontinuierlich verschlechtert worden: Aus „Erb-Lehen" wurden „Fall-Lehen"; das hieß, im Todesfall fiel das Lehen nicht mehr selbstverständlich an den Sohn oder die Tochter, sondern der Grundherr war frei, nach seinem Gutdünken den Hof auch anderen Leuten zur Bewirtschaftung zu überlassen.

Daß in der Regel das Lehen trotzdem in der Familie blieb, hatte meist mit dem Mangel an arbeitsfähigen Menschen zu tun.

Bei alledem wurde die Arbeitskraft der Untertanen durch den Grundherren zweimal genutzt: Erstens mußten ja alle oben genannten Abgaben auf den Höfen erarbeitet werden, und zweitens war der Leibeigene zu sogenannten „ungemessenen Hand-, Spann- und Zugdiensten" für den Bedarf des Herrn verpflichtet. Dafür gibt es in unserer Sprache das Wort „Fron". Dies galt gleichermaßen für geistliche und weltliche Grundherrschaften.

Aber da gibt es noch diesen schönen alten Spruch: „Unter dem Krummstab ist gut leben."

Man wird nicht umhinkönnen, ihn umzudrehen und daraus zu schließen, daß es sich unter adligem Regiment zuweilen noch schlechter lebte als unter geistlichem.

Wahr ist aber auch, daß es Grundherren mit ausgeprägtem sozialen Gewissen gab, die viele Unmenschlichkeiten auf dem Gnadenwege und oft unter erheblichem persönlichen Einsatz milderten.

Das Rechtsgebilde, über das sie geboten, taugte aber gleichwohl als Grundlage der Menschenschinderei.

Dabei hatten die Oberschwaben noch Glück. Sie waren von der Natur begünstigt: Der Boden war fruchtbarer und leichter zu bearbeiten als auf der Alb oder gar in den benachbarten Alpen. In „normalen" Jahren gab es also Überschüsse an Getreide – vor allem Dinkel –, die von den Äbten mit großem Gewinn vornehmlich in der Schweiz verkauft wurden. Der schöne, große, barocke Getreidespeicher des Stifts St. Gallen am Rorschacher Hafen ist bis zum heutigen Tag ein unübersehbares Denkmal des daraus resultierenden Handels.

Abt Lukas Weichenrieder vor dem mächtigen Intarsienschrank in der Wintersakristei der Basilika.

Bei all der Freude an der überlieferten Schönheit und Größe der barocken Klosteranlage Weingarten stellt sich jedem von uns auch die Aufgabe, sich ein Verhältnis dazu zu erarbeiten.

Mich hat interessiert, wie der heutige Abt von Weingarten mit dieser Seite der Geschichte umgeht. Dr. Lukas Weichenrieder ist zwar nicht der Rechtsnachfolger eines Sebastian Hyller, aber er ist ganz sicher eingebunden in die Traditionen und die Geschichte seiner Kirche und seines Ordens.

Ich durfte mit dem Abt folgendes Interview führen:

Hochwürdiger Abt, wie mächtig ist denn die heutige Basis des Weingartener Konvents?

Wie mächtig? Mächtig ist sie überhaupt nicht. Wir leben mehr oder weniger von dem, was die einzelnen Mitglieder verdienen. Das sind ein paar Seelsorgegehälter, das ist, was durch unsere Martinus-Buchhandlung, die sehr gut läuft, hereinkommt, und noch private Honorare durch Tätigkeiten von Mitbrüdern außerhalb des Klosters.

Gemessen an früher sehr, sehr bescheiden. Bedauern Sie es, daß heute das Kloster Weingarten keine 11 000 Untertanen mehr hat wie im 18. Jahrhundert?

Das bedaure ich überhaupt nicht, das begrüße ich sehr. Wenn ich daran denke, wieviel Sorgen ich schon mit den jetzigen Untertanen habe – als Untertanen rechne ich die Angehörigen des Klosters, die Mitglieder, zwei Dutzend, und fast ebensoviele Angestellte –, wenn ich das multipliziere auf 11 000, das wäre ja nicht mehr auszuhalten.

Sie betreten diese barocke Herrlichkeit täglich, zu den Chorgebeten, zu Gottesdiensten und manch anderen Anlässen. Denken Sie dabei daran, daß das erwirtschaftet worden ist mit dem Instrument der Leibeigenschaft?

Ja, zu den Zeiten, als das entstand, gab's nichts anderes.

Das Schicksal der vielen, die damals, unter Umständen, die wir heute kaum mehr nachvollziehen können, schwer gearbeitet haben – wie sollten wir denn mit diesen Schicksalen umgehen?

Schicksale – es gibt aus dieser Zeit das Sprichwort: „Unter dem Krummstab ist gut leben". Das besagt allgemein, daß man in kirchlichen Herrschaften – der Krummstab ist das Zeichen kirchlicher Herrschaft – besser lebte als in weltlichen.

Aber es war immer noch hart genug. Fachleute haben errechnet, 37-40 Prozent war die Steuerquote für die leibeigenen Bauern, hier in Weingarten und in den meisten anderen Klosterherrschaften. Und das waren ja keine Steuersätze für heutige „Besserverdienende", sondern für arme Leute.

Trotzdem ist es den Leuten gut ergangen und besser als in anderen Gegenden.

Das Riesenwerk der Basilika von Weingarten ist in vielerlei Hinsicht ungewöhnlich. Nicht nur die Maße und die ästhetische Qualität sprengen alles bisher Dagewesene im deutschen Barock. Auch die Umstände, unter denen gebaut wurde, finden nirgends ein Gegenstück. Bezeichnend ist, daß die kunsthistorischen Forschungen darüber, wer denn nun als der Baumeister anzusehen sei, bis in unsere Tage andauern. Und je mehr Details ans Tageslicht kamen, desto deutlicher wurde:

Den Meister gibt es nicht, es ist eine ganze Gruppe hervorragender Künstler; und es wird kaum gelingen, für alle Teile des Baus die Autorenschaft an den Plänen völlig eindeutig zu klären.

Außer Zweifel steht jedoch, daß die Basilika so nicht dastünde, hätte es nicht das Regiment des Abts Sebastian Hyller gegeben.

Dieser Sohn eines Bäckers aus Pfullendorf schwang sich zu einer absoluten Ausnahmeerscheinung unter den geistlichen Bauherren im Deutschen Reich auf.

Üblich war damals wie heute, Verhandlungen mit Baumeistern zu führen, Pläne in Auftrag zu geben, Kosten berechnen zu lassen. Dann wurde entschieden, wer, was, zu welchem Preis zum vereinbarten Termin fertigzustellen hatte. Beim Bau lief das meist auf einen Meister als Generalunternehmer des Projekts hinaus. In dessen Hand lag die Planung, die Bestellung der qualifizierten Facharbeiter, die Bauaufsicht und die Abrechnung.

Sebastian Hyller zog es vor, selbst das zu tun, was wir heute das „Management" des Baus nennen würden. Er behielt alle Fäden in der Hand, spielte, wenn er es für nötig hielt, Künstler gegeneinander aus; verpflichtete den einen, die guten Versatzstücke aus den Plänen des anderen fortzuführen und zu vervollkommnen; erteilte und entzog Aufträge, heuerte und feuerte auf eine Art, die uns heute fast schon ein wenig „amerikanisch" anmutet. So kommt es, daß die Basilika zum steingewordenen Gegenbeweis des Sprichworts von den vielen Köchen, die den Brei verderben, geworden ist.

Die Namen der „Köche" haben in der deutschen Kunstgeschichte einen hervorragenden Ruf: Johann Jakob Herkommer, Franz Beer von der Blaichten, Donato Giuseppe Frisoni, so weit nur die wichtigsten „Architekten", die nicht dem Orden angehörten. Dazu kommen zwei Benediktiner von beträchtlichem Genie: Bruder Caspar Moosbrugger von Einsiedeln und der Weingartener Bruder Andreas Schreck. Moosbrugger wurde lange Zeit für den Schöpfer des ersten Idealplans der Gesamtanlage gehalten. Nun weiß man, daß dies nicht stimmt. Sicher ist aber, daß er viele Anregungen gegeben hat. Schreck aber war wohl so etwas wie die rechte Hand Hyllers, ein in allen Sparten des Bauwesens sachkundiger Mann, der nicht nur die Schlußredaktion der Pläne leistete, sondern, wenn nötig, selbst zu Zirkel und Lineal griff und „delineationes" (Risse) zeichnete.

Beer, Moosbrugger und Schreck stammten aus dem Bregenzerwald, gingen also aus der berühmten Vorarlberger Baumeisterschule hervor. Der gebürtige Allgäuer Herkommer war Hofbaumeister der Abtei St. Mang in Füssen. Frisoni stammte aus Oberitalien, gelangte über Böhmen und Wien nach Ludwigsburg. Von dort aus drängte er mit viel Energie und Selbstbewußtsein zu der Großbaustelle auf dem Weingartener Martinsberg. Die Westfassade und die große Kuppel tragen seine Handschrift.

Das Fehlen eines Generalunternehmers brachte es mit sich, daß alle Arbeitsgänge – vom Grundaushub bis zum Dachdecken – von der Abtei in Eigenregie organisiert und einzeln bezahlt werden mußten. Dafür hat es wohl unter den Patres und Fratres Spezialisten gegeben, die dem Abt zuarbeiteten, ihn vor allem mit Entscheidungsunterlagen versorgten.

Hyller muß seine Herrenrolle dabei brillant gespielt haben. Er ist ein herausragendes Beispiel dafür, welch glänzende Karriere die katholische Kirche außerordentlich begabten Leuten aus niederem Stand ermöglichte.

Wenn ihm schon kein Adelstitel in die Wiege gelegt war, so vermochte er es doch, über eine sehr gute Erziehung innerhalb des Ordens zu einem Aristokraten des Geistes und der Geste zu werden. Er war wohl ein Mann von außergewöhnlicher Energie und ausgeprägtem Selbstbewußtsein. Ein Choleriker und Autokrat, der nur vor dem Allerhöchsten seinen Nacken beugte. Von den Strapazen seines rastlosen Tagewerks erholte er sich – standesgemäß – auf der Jagd im eigenen Revier von Brochenzell.

Man kann sich gut vorstellen, wie so ein Mann mit seinen Auftragnehmern, seien sie nun Lieferanten oder bedeutende Künstler, umgesprungen sein muß. Daß Geduld und Langmut nicht zu seinen Tugenden zählten, scheint sicher. Die Bauzeit der Basilika ist selbst nach heutigen Maßstäben und Möglichkeiten unfaßbar kurz:

Am 22. August 1715 wurde der Grundstein gelegt. Am Blutfreitag 1718 durfte das Volk zum ersten Mal die Kirche betreten. Am 10. September 1724 war Kirchweihe.

Dabei muß berücksichtigt werden, daß durch sehr strenge und lange Winter in den Jahren 1716 und 1717 die tatsächliche Arbeitszeit für die Bauleute reduziert wurde. Es gab weder schnell und unter Feuchtigkeit abbindenden Zement noch die Möglichkeit, durch Gerüstzelte und Gasheizungen Winterbaustellen einzurichten. Von modernem Hebezeug, Normgerüsten aus Stahlrohr und Baumaschinen ganz zu schweigen.

In den ersten Jahren des Baus, 1715/16, leitete der berühmte Franz Beer von der Blaichten die Baustelle. Nach Hyllers System wurde er für jede Leistung einzeln bezahlt. Beer aber wollte als Generalunternehmer im Akkord arbeiten lassen und zu einem Festpreis, wie er das etwa in Salem tat, abrechnen. Der Konflikt mit dem Abt war vorprogrammiert und endete mit einem großen Krach und der Kündigung Beers, der daraufhin zornbebend sein Pferd bestiegen und nach Salem geritten sein soll. Eine Szene wie geschaffen für einen theatralischen Historienfilm. Da waren zwei Herrennaturen aufeinandergestoßen, und die stärkere hatte gesiegt.

Doch es war eine Kirche entstanden, deren Architektur eine Synthese zweier Bautypen darstellt, des Zentralbaus und der Hallenkirche. Es sind zwar Seitenschiffe vorhanden, doch haben sie keine eigene Selbständigkeit. Sie sind vom Mittelschiff lediglich durch Gurtbögen getrennt, ohne sich jedoch in der Höhe wesentlich von ihnen zu unterscheiden. Zwischen das Langhaus und den quadratischen Mönchschor schiebt sich das Querhaus mit der Vierung und Vierungskuppel, die das Zentrum der Architektur bildet.

Basilika Weingarten. Innenansicht.
In der Helligkeit und Klarheit des Innenraumes sind noch die „Vorarlberger Prinzipien" zu erkennen: Wandpfeiler, die allerdings schon von der Wand gelöst sind und die Gurtbögen für die Emporen tragen. Sie verleihen der ganzen Optik Schwung und bringen ein Element des Schwebens ins schwere Mauerwerk.

Sebastian Hyller wurde am 5. Februar 1667 in Pfullendorf als Sohn eines Bäckers geboren. Er hat an der Universität der Benediktiner in Salzburg studiert und dabei die Einweihung der Kollegienkirche miterlebt. Wahrscheinlich hat er auch den großen Baumeister Bernhard Fischer von Erlach kennengelernt. Am 20. Juni 1697 wurde er zum Abt von Weingarten gewählt. Er regierte das Kloster bis zu seinem Tod am 10. Mai 1730.

Sebastian Hyller

Von allen bekannten Baumeisterporträts ist dieses Totenbild Johann Jakob Herkommers eines der eindrucksvollsten und anrührendsten. 1648 in Sameister (in der heutigen Gemeinde Roßhaupten im Ostallgäu) geboren, erhielt er seine Ausbildung in Italien. Er gehört zu den Schöpfern des Konzepts für einen Neubau der Kirche von Weingarten. Herkommer starb 1717 in Füssen als der große Baumeister von St. Mang.

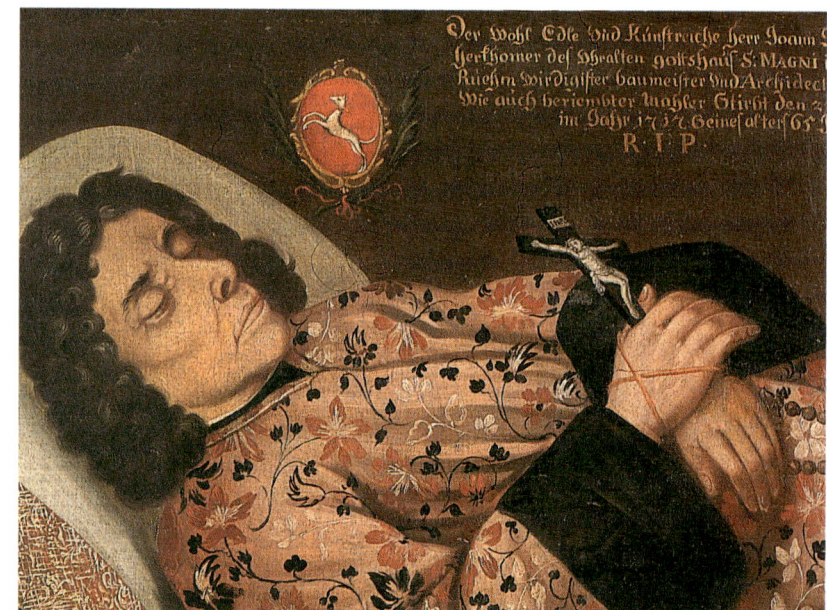

Johann Jakob Herkommer

Franz Beer von der Blaichten

Er war der Grandseigneur der Vorarlberger Baumeister: Franz Beer von der Blaichten (manchmal auch Bleichten geschrieben). 1660 kam er in dem Bergdorf Au im Bregenzerwald zur Welt. Sein Vater Michael Beer war unter anderem der Baumeister der Reichsabtei Kempten und hatte dort das Konzept für den Dom St. Lorenz, die erste große Barockkirche im Deutschen Reich, geschaffen. Franz Beer wurde als hochangesehener Baumeister und Unternehmer Bürger und Ratsherr der Bischofsstadt Konstanz. 1722 hat ihn Kaiser Karl VI. in den Adelsstand erhoben, 1726 ist er in dem Dorf Bezau im Bregenzerwald gestorben. Nach heutigen Begriffen wäre er ein „Stararchitekt" gewesen.

Zu den Merkmalen der Schule von Au, die eigentlich eine große Zunft mit strengen Regeln war, gehörte es aber, daß jeder ganz klein anfing und alle wichtigen Bauhandwerke lernte. Und zwar nicht nur theoretisch, sondern auch praktisch. Die großen Meister des Zeichenstifts waren in der Lage, jederzeit einem Maurer mit der Kelle in der Hand zu demonstrieren, wie handwerklich sauber gearbeitet wird.

Romanische Kirche

Die baulichen Überreste der romanischen Kirche dienten als Baumaterial. Im Barock wurde nahezu alles verarbeitet, was man kriegen konnte. Bis auf die wenigen Schauseiten waren die Wände ohnehin verputzt. Bezeichnend ist, daß ein so bedeutsamer und spektakulärer Vorgang wie der Abbruch einer großen Kirche an den Rand eines allegorischen Bildes geschoben wird. Es fehlt – und auch das läßt auf eine bestimmte Gesinnung schließen – jegliche Darstellung dieser faszinierenden und gigantischen Baustelle!

Die romanische Vorgängerkirche soll im Barock angeblich – zumindest in Teilen – baufällig gewesen sein. Aber vor allem dürfte sie nicht mehr dem Geltungsbedürfnis und den politischen Absichten der barocken Äbte entsprochen haben. Jedenfalls mußte dieser sicher sehr schöne Bau, der heute allen erdenklichen Denkmalschutz bekäme, unter die Spitzhacke. Die Herren des Barock pflegten einen ziemlich rücksichtslosen Umgang mit den Werken früherer Epochen.

Auf diesem Kupferstich von 1715, der für die Erneuerung der Anlage auf dem Martinsberg werben sollte, sind in einem Winkel des Klosterhofs die Trümmer der abgerissenen romanischen Kirche zu sehen.

Die einzigen barocken Darstellungen von Bauarbeiten in Oberschwaben zeigen die Schussenrieder Bauputten im Deckenfresko der Bibliothek. Hieraus ergibt sich, daß in der Bilderwelt dieser heitersten aller Klosterbibliotheken so gut wie nichts ernst genommen werden kann. Das beweisen diese puttenartigen Knäblein. So können jene Arbeiter, die 12 Stunden am Tag für den Gegenwert von 5 kg Brot schufteten, nicht ausgesehen haben. Dabei hat es nicht an Künstlern gemangelt, die sehr wohl ein realistisches Bild des Lebens auf den gewaltigen Baustellen hätten zeichnen können.

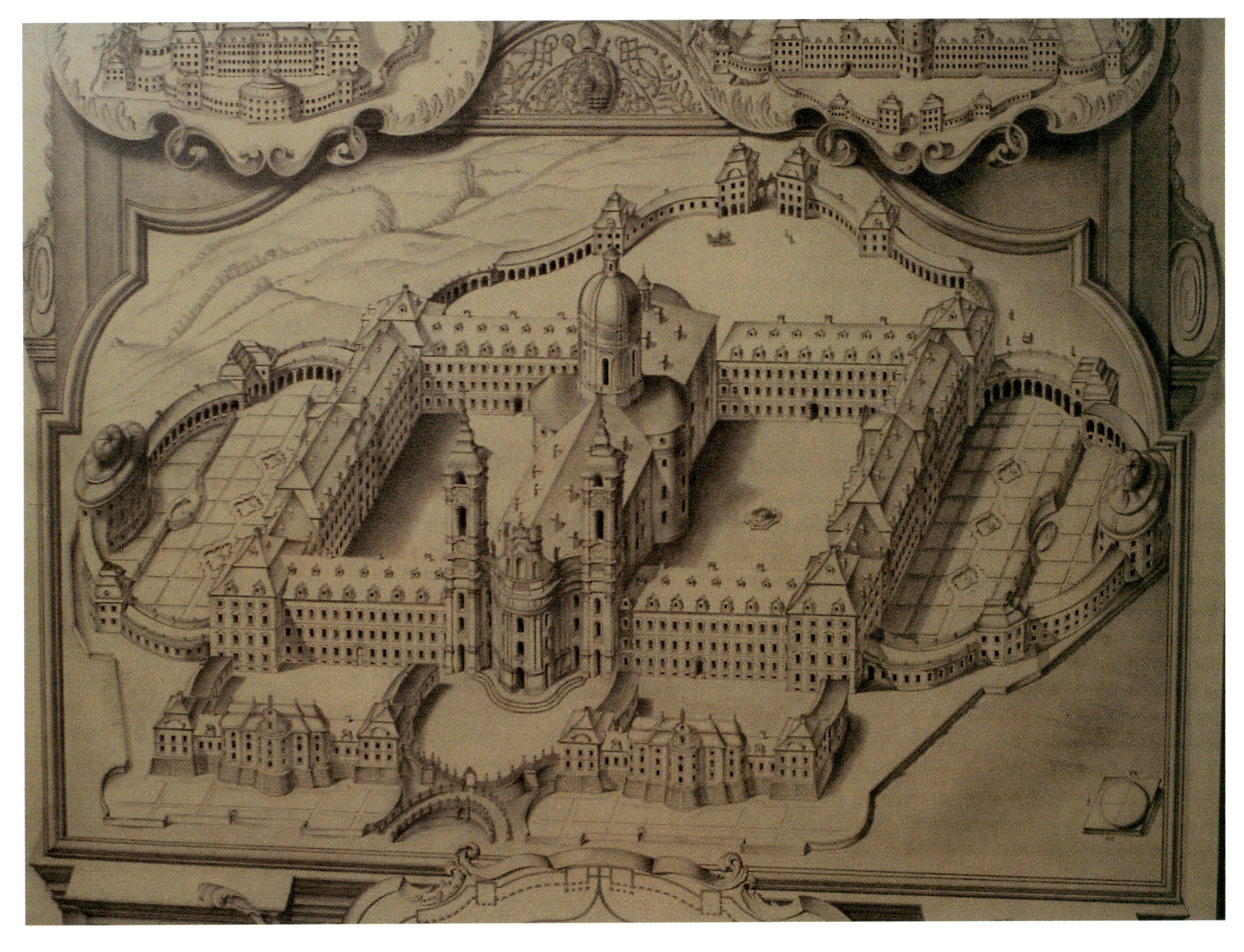

Pater Beda Stattmiller ist dieser Idealplan der Gesamtanlage zu verdanken. Es scheint sich um eine Art Arbeitsplan zu handeln, der immer wieder ergänzt oder in Details geändert wurde. Der Plan läßt die gigantomanischen Absichten der Bauherren, vor allem Abt Hyllers, erkennen. Der Bau der Kirche hat übrigens 300 000 Gulden gekostet – etwa drei komplette Jahreseinnahmen der Abtei. Das ist eine Riesensumme, aber nur als Betrag für sich selbst betrachtet.

Gemessen an dem, was dafür gebaut wurde, war das sehr preiswert und nur möglich, weil der Abt sparsam und in eigener Regie wirtschaftete. Und weil für die Hilfsdienste die billige Arbeitskraft der Leibeigenen zur Verfügung stand.

Idealplan der neuen barocken Klosteranlage

Kleine Leute malen kleine Leute: Die Kunst der Votivtafeln.

Auf der Suche nach dem Bild der kleinen Leute im Barock landet jeder früher oder später bei den Votivtafeln. Es sind nach unserem heutigen Verständnis Werke „naiver" Kunst. Ihr Zweck geht auf ein menschliches Urbedürfnis zurück: sich gutstellen mit der Gottheit, der Gottheit in der Not ein Dankopfer geloben (lateinisch vovere) und zugleich um Verschonung vor künftigem Unglück bitten. Diese Opfer können vielerlei Gestalt haben. Eine Möglichkeit sind Bilder, die überstandene oder befürchtete Notlagen darstellen und im Bereich der katholischen Kirche, etwa ab dem Beginn des 16. Jahrhunderts, mit bestimmten Heilssymbolen verknüpft werden. In Weingarten war das selbstverständlich das Reliquiar mit dem Heiligen Blut, von dem man sich Heilung, Schutz und Seelenheil erhoffte, oder aber glaubte, dies sei einem auf wunderbare Weise zuteil geworden.

Für uns Heutige sind diese Bilder ein großer Schatz (nicht nur für den Antiquitätenhandel), denn sie zeigen ein – wenn auch ungelenk gemaltes – Gesicht des einfachen Volkes, das uns die große Kunst vorenthalten hat. Entsprechend den beschränkten malerischen Mitteln der meist bäuerlichen Künstler kamen dabei nicht sehr ausgeprägte, individuell wiedererkennbare Porträts heraus. Nichts, das mit den Bildnissen der „Herren" zu vergleichen wäre. Aber es gibt da Situationen und Gesten, das Bemühen um Form und Ordnung auch im tiefsten Elend, die rührend sind, und die das Gefühl der Mitmenschlichkeit über die Jahrhunderte hinweg am Leben halten können.

Die Wertschätzung der Votivtafeln hat nach dem Ende der Klosterkultur im letzten Jahrhundert einen drastischen Einbruch erfahren. Vergleichbar mit dem Verbot des Blutritts hat der Konstanzer Generalvikar von Wessenberg auch die Votivtafeln als Ausdruck des Aberglaubens verboten.

Weingarten, das mit dem Heiligen Blut eines der bedeutendsten Wallfahrtsziele Süddeutschlands besaß, muß über eine riesige Sammlung von Votivtafeln verfügt haben. Gerade noch neun sind davon übriggeblieben!

Drei Dinge waren es, die den Inhalt der meisten Votivtafeln bildeten: Unfälle, Krankheiten der Menschen und des Viehs, das ja den wertvollsten Besitz der bäuerlichen Bevölkerung darstellte. Dies sind Beispiele aus den kümmerlichen Resten des einst reichen Bestandes an Weingartener Votivbildern. Wir werden dem Thema noch einmal in Maria Steinbach begegnen, wo eine der größten und schönsten Sammlungen erhalten und bis in die Gegenwart fortgeführt worden ist.

Der letzte Klosterbauer, oder: Heute lebt es sich ganz gut unter dem Krummstab

Die langen Zeilen mit den Selleriepflänzchen sind wie mit der Schnur gezogen, und es gibt darin kaum Unkraut. Aha, wird der Kenner der modernen Landwirtschaft und des durchrationalisierten Gartenbaus denken, da ist fachmännisch mit einem Herbizid vorbehandelt worden. Doch man sieht eine Gruppe ziemlich junger Leute bei einer archaischen Feldarbeit: Sie hacken den Boden, bücken sich und reißen mit ihren Händen alles aus, was nicht Sellerie heißt. So ist das, wenn mit der alten Bauernweisheit „Wer nicht spritzen will, muß hacken" ernst gemacht wird. Glaubt man den Vertretern der Agrarchemie, dann ist das Humbug und finsteres Mittelalter. Glaubt man der Mehrzahl der Agrarpolitiker und Bauernverbandsfunktionäre, dann ist sowas zur Pleite verurteilt, denn das viele Personal dafür ist erstens kaum zu finden und zweitens schon gar nicht bezahlbar. Die Zeit der Knechte und Mägde ist bei uns schließlich schon längst vorbei.

Es sind auch keine Knechte, die da hacken und jäten, es sind überwiegend Lehrlinge, die bei dem Bauern Albert Batzill den biologischen Landbau erlernen wollen; ein Fach, das in der offiziellen Landwirtschaftsausbildung in Deutschland ein Mauerblümchendasein fristet. Zu den Lehrlingen gesellen sich hin und wieder Freunde der Familie Batzills, die die Arbeit mit Bodenkontakt in frischer Luft und ein kräftiges Vesper schätzen.

Der Bauer Albert Batzill selbst ist ein „Sonderfall". Geboren wurde er als Sohn eines Zahnarztes in Friedrichshafen. In der Familie sind medizinische Berufe Tradition und der schöne, weltläufige Sport des Regattasegelns. Mit der Medizin hatte Albert, den auf dem Hof alle „Alba" nennen, nichts am Hut, aber durch seine Segelkünste wurde er in Sportlerkreisen weltberühmt. viermal wurde er Weltmeister im olympischen Flying Dutchman.

„Alba" wollte Bauer werden, hat seinen Landwirtschaftsmeister gemacht und jahrelang mit seiner Frau als Betriebshelfer auf den Höfen anderer Leute gearbeitet. Da es für ihn keinen Hof zu erben gab, pachtete er die alte Klostermeierei, den Rößlerhof in Schlier, von den Weingartener Benediktinern. Die waren froh, einen sachkundigen Bewirtschafter gefunden zu haben, der es aus tiefster Überzeugung ablehnt, die Natur den Zwängen der modernen Agrarchemie zu unterwerfen.

So hat der Konvent, der die Abtei 1922 vom englischen Erdington (einer Beuroner Gründung) aus wiederbesiedelte, nun einen einzigen Klosterbauern.

Ich durfte mit Albert Batzill folgendes Interview führen:

Im heutigen Pachtvertrag gibt es ein Kuriosum: es stehen – wie in den alten Lehensverträgen – „Zug-, Hand- und Spanndienste" drin. Wurde das je schon beansprucht?

Es wird nicht in der Form des Wortes beansprucht, daß wir jetzt irgendwelche Karren schleppen müssen, wir müssen schlicht und ergreifend in unserem Pachtvertrag definierte Hilfsarbeiten leisten. Das heißt zum Beispiel bei der Instandhaltung der Gebäude ein Dach mitzudecken, sprich, unsere Arbeit zur Verfügung zu stellen, um dem Kloster Geld zu sparen.

Ist das eine schwere Bürde?

Das ist keine schwere Bürde. Früher stand im Pacht- oder Lehensvertrag, daß man das zu jeder Zeit machen muß, aber bei uns heißt es, daß es nicht zur Unzeit gefordert werden darf. Deshalb können wir gut damit leben; und man will ja auch so einen Betrieb erhalten. Nicht nur fürs Kloster, auch für die Nachwelt, vielleicht sogar für unsere Kinder.

Der Klosterbauer Albert Batzill

Barocke Architektur mitsamt ihrer kunstvollen Ausstattung ist durchaus als Bühne zu begreifen. Angestrebt wurde dabei eine umfassende Wirkung auf alle Sinne. Dem dienten die wiederkehrenden feierlichen Formen der Liturgie, die Eindringlichkeit der Gesten, die Pracht der Gewänder, das Pathos der Predigt, die ganze Dramaturgie des Gottesdienstes und nicht zuletzt die Musik. Das Volk hatte von alters her seine frommen Lieder, die Mönche den gregorianischen Choral. Was sich im Barock zur Hochblüte entwickelte, war die große Messe. Der feststehende, allgemeingültige Text der lateinischen Liturgie, der, wenn schon nicht wortwörtlich von jedermann verstanden, doch hohen Wiedererkennungswert hatte und der nun immer reicher musikalisch variiert wurde. Mit großem Orchester, einem oder mehreren Chören, mit Gesangssolisten und selbstverständlich mit der Königin der Instrumente, der Orgel.

Der Bedarf an immer neuen Vertonungen von Kyrie, Gloria, Credo, Sanctus, Benedictus, Agnus Dei und Dona Nobis Pacem war sehr groß. Jeden Sonntag und an allen auch nur einigermaßen bedeutsamen Kirchenfesten wurden Hochämter gefeiert. Dem Anlaß und dem Ablauf des Kirchenjahres entsprechend, hatte sich dabei die Musik einzustimmen. Da war ein hohes Maß an Kreativität gefordert und wenn die ihre Grenze erreicht hatte, wenigstens handwerkliches Können und der Wille, das Beste für das große Theater unter dem Freskenhimmel zu leisten.

Das galt für die bedeutenden Musikzentren Europas genauso wie für die Reichsabteien in Oberschwaben. Nur hatten Städte wie München, Mannheim oder gar Wien den Vorteil, daß dort regelrechte Musikszenen mit professionellen Instrumentalisten, Sängern und vor allem Komponisten existierten. Der Hochadel mit seinem Geld und seinem Unterhaltungsbedürfnis machte es möglich.

Wie aber war das in Oberschwaben, wo sich auf engstem Raum selbstbewußte Klosterherrschaften drängten, die zunächst einmal den größten Teil ihrer Wirtschaftskraft in den Bau der großen „Bühnen" investierten? Von außen Talente einzukaufen, war nicht möglich, das Angebot war wohl auch nicht besonders gut, die Auswahl an musikalischen Genies sehr gering. Es wurden zwar Partituren in Umlauf gebracht, doch blieben sie lediglich einem exklusiven Publikum zugänglich.

So blieb das Selbermachen. In den oberschwäbischen Klöstern entwickelte sich eine eigene Musikkultur. So gut wie alle ihre Komponisten waren Mönche, die für den liturgischen „Hausgebrauch" schrieben, dazu noch meist die Aufführungen leiteten und auch die Musiker ausbildeten. An erster Stelle des Repertoires standen Messen. Für den Gebrauch „in conventu" entstanden aber auch Singspiele, weltliche Lieder und Kammermusik. Erst heute entdecken Wissenschaftler wieder, wie lebendig die Klostermusik war. Es hat sich ein Verein zur Förderung der Musik Oberschwabens gebildet, durch dessen Hilfe die alten Notenschätze gehoben, restauriert, wo nötig rekonstruiert und wieder zum Klingen gebracht werden.

Und was da klingt, ist überwältigend schön, lebensbejahend, in Dur und sehr unverfänglich. Das ist Musik von Menschen, die in sicherer Existenz und mit einem festgezimmerten Weltbild lebten. Das Bild einer geordneten Welt duldete selbstredend nur geordnete Gefühle und genau das paßte ja ins politische Konzept der gesamten, umgebenden Kunst. Diese Musik entstand gleichzeitig mit dem ersten großen Aufschwung der Wiener Klassik, deren Handwerkszeug sie entlehnt, deren großen Atem sie sich aber vom Leibe hält. Wir wissen, daß man in den Klöstern einiges von Haydn kannte und auch aufführte, und es scheint so, daß der große Meister geschmacksbildend war, aber die Genialität selbst ist nun einmal nicht übertragbar.

Jahreszahlen verderben die Freude an der Geschichte, heißt es, es sei denn, sie machen etwas deutlich. Hier also die Daten der wichtigsten oberschwäbischen Klosterkomponisten:

Isfrid Kayser (Marchtal)
1712-1771
Ernest Weinrauch (Zwiefalten)
1730-1793
Meingosus Gaelle (Weingarten)
1752-1816
Nikolaus Betscher (Rot an der Rot)
1745-1811
Sixt Bachmann (Marchtal)
1754-1825
Andreas Heichlinger (Salem)
1746-1809

Und das sind die Daten ihrer bedeutendsten Zeitgenossen:

Joseph Haydn
1732-1809
Wolfgang Amadeus Mozart
1756-1791

Als Gaelle aus Weingarten zum Theologiestudium nach Salzburg kam, hatte Mozart längst schon mit dem Fürstbischof Colloredo gebrochen und haßte die Enge und Rückständigkeit seiner Vaterstadt aus Leibeskräften.

Keiner der Klosterkomponisten zeigte je Tendenzen, irgendwelche Fesseln sprengen zu wollen.

Am anrührendsten ist wohl das wenige, was wir vom Leben des Benediktiners Ernest Weinrauch wissen: Mit sieben Jahren ist er ins Kloster gekommen, wo er bis zu seinem Lebensende blieb. Er soll so weltfremd gewesen sein, daß er den Wert des Geldes nicht kannte. Ist ein größerer Kontrast zu den weltläufigen Musikgenies der Zeit denkbar?

Bezeichnend ist auch, daß es von keinem dieser Komponisten, außer Betscher, der der letzte Abt von Rot war, ein Porträt gibt. Die biographischen Daten sind äußerst schütter, in einigen Fällen existieren Werkverzeichnisse, viele Partituren sind auseinandergerissen, es fehlen ganze Stimmen.

Im Fall von Nikolaus Betscher ist bemerkenswert, daß er als Oberhaupt des mächtigsten Prämonstratenserreichsstifts der Region die Säkularisation und damit den Zusammenbruch nicht nur seiner Macht, sondern seines Lebensinhalts sehr schmerzlich erlebt haben muß. Aber nichts davon ist in seiner Musik hörbar. Da herrscht nur repräsentativer Glanz, kontrastiert mit Süße und Lieblichkeit. Man kann das durchaus als die Contenance eines wirklichen Herrn ansehen, geboren aber wurde er als Bauernbub in Berkheim an der Iller.

Die Königin unter den Königinnen der Instrumente

Die Vorbereitungen für die Dreharbeiten an der großen Orgel der Basilika von Weingarten waren langwierig und aufwendig. Trotz der riesigen Ausmaße der Westempore geht es sehr eng zu, Meister Gabler hat den Platz bis zum Äußersten für das gewaltige Instrument genutzt, allerdings ohne dabei die Lichtführung durch das Fenster der Fassade zu stören. Der Lichtaufbau in diesem Umfeld hat unserem Team alles abverlangt. Zudem mußte, um dem Organisten über die Schulter hinweg auf den Spieltisch schauen zu können, zwischen die Außenmauer der Fassade und die Orgel ein Gerüst gebaut werden, sonst hätte der Kameramann in der Luft stehen müssen. Bei all diesen Arbeiten muß man sich tunlichst bewegen, als wäre man von rohen Eiern umgeben. Der Gedanke, mit einem schweren Stativ oder der scharfen Ecke eines Scheinwerfertors irgendwo Schrammen zu hinterlassen, beeinträchtigt zuweilen den Schlaf.

Nach einem Tag Aufbau und Einleuchten ist es soweit: Die Kamera sieht eine hölzerne Tür mit einem kleinen Guckloch, in dem sich plötzlich was bewegt. Ein Schlüsselbund klirrt, der Schlüssel dreht, vernehmlich knackend, im Schloß, die Tür knarrt ein wenig und Kirchenmusikdirektor Heinrich Hamm betritt „sein" Instrument.

Heinrich Hamm tut das seit vierzig Jahren beinahe täglich.

Er schaltet den Motor für den „Wind" ein, setzt sich auf die Orgelbank, entnimmt seiner alten Aktentasche einen Notenband, zieht einige der kostbaren Register aus massivem Elfenbein und beginnt zu spielen. Von da an besteht die Welt um uns nur noch aus Klang, das Gefühl des Schwebens stellt sich ein.

Vor der Kamera demonstriert Hamm einige Besonderheiten des Instruments: Die „Vox Humana", die „Menschenstimme", die uns heute mehr als eine Imitation vermittelt, ihre Klangfarbe bringt Töne in unserem Innersten zum schwingen. Da kommt es einem kalten Guß gleich, in diversen technischen Beschreibungen zu lesen, die berühmte Weingartener „Vox Humana" sei eben ein abgewandeltes Trompetenregister. Heinrich Hamm bezeichnet sie denn auch im Gespräch als die Krone über dem Klangkosmos des gesamten Instruments. Welche Fülle auch sehr verspielter „typisch barocker" Details dieser Kosmos beherbergt, zeigt sich in der nächsten Viertelstunde. Ein Register wird gezogen, und durch den Kirchenraum tönt der Ruf eines Kuckucks oder das Zwitschern der Nachtigall. Daß man den Kuckuck mit einer einfachen Blockflöte, also der schwingenden Luftsäule in einem hölzernen Rohr, imitieren kann, weiß jeder Musikschüler. Aber das hohe Zwitschern? Der Organist lüftet das „Geheimnis" der Nachtigall: Er hebt im Boden vor dem Spieltisch ein Brett. Darunter kommt ein Wassertopf aus Zinn zum Vorschein, an dessen Rand zwei Röhrchen so angeordnet sind, daß sie ein Wasserpfeifchen ergeben. Daneben steht eine Plastikflasche mit Wasser – die Nachtigall von Weingarten singt nur, wenn sie nicht durstig ist.

Das nächste „Geheimnis" befindet sich hinter dem edlen Gitter aus Nußholz. Es ist das Glockenspiel. Seine Hämmerchen werden wie die Windkanäle für die Pfeifen über feine Fichtenholzleisten, die mit Drahtgelenken verbunden sind, mit den Tasten des Spieltisches angeschlagen. Diese Leisten nennen die Orgelbauer „Abstrakten". Zusammen mit den Wellen, das sind Hölzer größeren Querschnitts, die als Sammelumlenkstationen dienen, bilden sie die Traktur, also die Steuerung zwischen Taste und Klangkörper (Pfeife, Glocke, Pauke...). In den Barockorgeln gibt es nur solche mechanische Steuerungen aus absolut gerade gewachsenem Fichtenholz mit Drahtverbindungen. Das sind Wunderwerke an Kunstfertigkeit, die sich letztlich als besser erwiesen haben als jene pneumatischen Steuerungen, die Anfang unseres Jahrhunderts aufgekommen sind.

Es war uns bewußt, daß die Gabler-Orgel in der Basilika von Weingarten eine besondere Faszination bedeutet. Irgendwann, am späten Nachmittag des Drehtages war dann die Schlußfrage an Heinrich Hamm fällig, ob er denn inzwischen zu einem Diener jenes Instruments geworden sei, an dem er nach vierzig Jahren noch immer neue Schönheiten entdeckt? Er hat sehr zurückhaltend gelächelt und geantwortet: „Ich hoffe es."

Musikdirektor Heinrich Hamm lüftet das Geheimnis der „Nachtigall".

Vom Schöpfer der großen Orgel gibt es, wie auch von den Klosterkomponisten, kein Portrait, aber über den Lebenslauf von Joseph Gabler ist einiges bekannt. Am 6. Juli 1700 wurde er in Ochsenhausen geboren, wuchs sozusagen im Schatten der dortigen Benediktinerabtei auf und erlernte in der Klosterschreinerei den Beruf des Zimmermanns. Auf der „Walz" hat es ihn als Achtzehnjährigen nach Mainz verschlagen, dort dürfte er bei einigen Meistern in seiner Nachbarschaft die Grundkenntnisse jener Kunst erlernt haben, die sein weiteres Leben bestimmen sollte. Sein Wunsch, Orgelbauer des Domkapitels von Mainz zu werden, wurde abgelehnt – da hätte ja jeder kommen können. 1729 kam er enttäuscht in seine Heimat zurück. Und er erhielt seinen ersten Auftrag: den Umbau der Orgel der Abtei, aus dem aber praktisch ein Neubau wurde. 1737 übersiedelte Gabler nach Weingarten, für den Auftrag seines Lebens: die große Orgel auf der Westempore und eine Chororgel waren zu bauen. Für ein „unbeschriebenes Blatt" wie ihn bedeutete dies einen erstaunlichen Vertrauensvorschuß.

Der Hintergrund dieser Entscheidung war, daß alle Vorverhandlungen der Reichsabtei mit namhaften Orgelbauern unbefriedigend ausgegangen waren. Der bedeutendste unter diesen Meistern, Johannes Andreas Silbermann, war lediglich bereit, die Disposition seines großen Werkes in St. Germain des Près auf Weingarten zu übertragen. Dies hätte aber bedeutet, daß die ganze Empore, auch die großen Fenster der Westfassade – diese herrliche Lichtquelle –, zugebaut worden wäre. Das lehnte der Konvent, der eine Orgelbaukommission gebildet hatte, ab.

Kurzum: Gabler erhielt den Auftrag und Abt Alphons Jobst schloß mit ihm einen Vertrag über 6 000 Gulden. Die 6 sollte zur magischen Zahl des Unternehmens werden: die Disposition umfaßte 6 666 Pfeifen mit den Klangfarben von 66 Registern. 6 666 Geißelhiebe soll der Legende nach Jesus Christus ertragen haben. Es ist zu vermuten, daß Gabler bei seiner Arbeit ziemlich oft daran gedacht hat. Der architektonisch so wunderschöne Plan, die Riesenorgel in Teilen um die Fenster herum zu bauen, bedeutete, daß die bereits beschriebenen Trakturen äußerst kompliziert um viele Ecken und über lange Wege geführt werden mußten!

Mehrfach änderte der Konvent seine Wünsche, die Klangfarben betreffend – da spielten auch modische Einflüsse eine Rolle.

Ein neuer Abt, Placidus Renz, regierte ab 1738, und da hatte Weingarten, ganz anders als zur Bauzeit der Basilika, erhebliche Schulden. Renz wollte zudem lieber den neuen Konventsbau vorantreiben, und das hieß für Gabler, daß die Schlosserei und die Schreinerei anderweitig ausgelastet waren. Es kam zu Reibereien, Beschimpfungen und – Versöhnungen. Am 24. Juni 1750, nach 13 Jahren Bauzeit, wurde eine der größten und schönsten Orgeln der Welt (sie wird solchen Superlativen bis zum heutigen Tage ohne Abstriche gerecht) übergeben. Der Preis für das Instrument selbst betrug 32 000 Gulden. Gabler hat danach nie wieder etwas vergleichbares geschaffen. Er starb im Alter von 71 Jahren, während er an der Orgel von Bregenz arbeitete.

Ein Wort noch zur Chororgel: Das Instrument ist geteilt, steht je an einer Längsseite des Chors, was wiederum eine aufwendige Mechanik bedingte. Aber so blieb der Blick auf den Hochaltar frei, und es sind „stereophonische" Klangwirkungen möglich. Ganz sicher wurde im barocken sakralen „Theatrum" mit der Akustik Dramaturgie betrieben. Dafür spricht auch der Einsatz von zwei oder mehreren Vokalchören. Die Chororgel wurde im Barock außerdem bei den Chorgebeten eingesetzt. Es entsprach dem Geschmack der Zeit, daß die Gregorianik in ihrer ursprünglichen Form, nämlich „a capella" – so, wie sie heutzutage die Hitlisten am Plattenmarkt erobert –, als zu karg empfunden wurde; also hat man die asketischen Gesänge aus romanischer und gotischer Zeit durch eine Orgelbegleitung „verschönt".

Die großen Barockorgeln boten nicht nur einen Kosmos an Klangfarben; mit ihrer Architektur und ihrem Figurenschmuck kamen sie dem Theater sehr nahe. Zuweilen wurden sogar Pfeifen mit Vorhängen dekoriert.

Reiche und immer wieder aufs neue belebte Fasnachtsbräuche werden nur in katholischen Gegenden gepflegt. Es existieren zahllose wissenschaftliche Arbeiten, die ergründen, warum das so ist. Da wird zunächst die „katholische" Freude am Mummenschanz und am Theaterspielen ins Treffen geführt, die sich immer gern auch heidnische Grundmuster angeeignet hat. Man denke nur an den ganzen Mythos vom Winteraustreiben, an Fruchtbarkeitssymbole... Diese Freude an der Sinnhaftigkeit bildete womöglich auch einen Ausgleich zu absolutistischen Herrschaftsformen. So etwas konnte sich zum Ventil für aufgestaute Pression weiter entwickeln, wenn sich „das Volk" ein einziges Mal im Jahr Luft macht, den Kropf lehrt, ungestraft Hofnarr sein darf. Dann wird das ewig junge Stück von der verkehrten Welt gespielt, die Obrigkeit „entmachtet", oder zumindest dem Gelächter preisgegeben. Und was gibt es Anarchischeres als Lachen – soweit die Theorie.

Bad Waldsee. Narrentreiben vor dem Rathaus

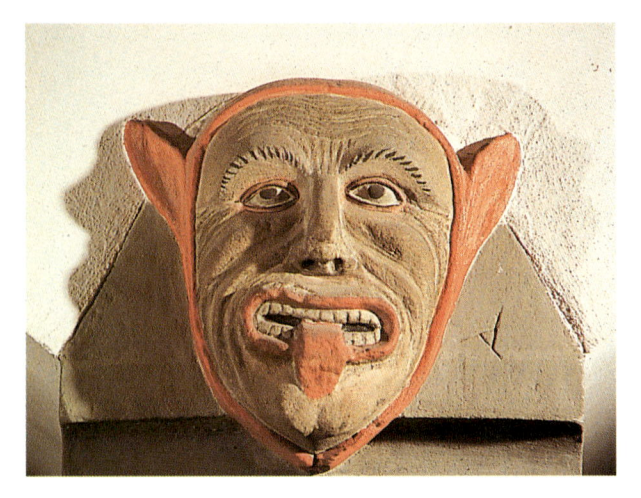

Waldseer Narr mit herausgestreckter Zunge im Sitzungssaal des Rathauses

Die Szene verfehlt auch auf völlig Außenstehende ihre Wirkung nicht: Zu Füßen des gotischen Rathauses von Bad Waldsee brennt ein Feuer. Knorrige Gestalten in Kitteln und mit blutroten Kopftüchern über Hexenmasken tanzen um die Flammen. Sie schwingen Reisigbesen oder reiten auf ihnen. Die Fassade des Rathauses ist beleuchtet. Der Bau ist der steingewordene Stolz von Stadtbürgern, das Werk des Baumeisters Wilhelm Kuderer. Er wurde 1406 zum ersten von insgesamt sieben Malen zum Bürgermeister gewählt.

Die Gestalten in den Hexenmasken heißen in Waldsee übrigens nicht Hexen, sondern „Schrättele", aber sie verkörpern trotzdem die Rolle der „Hex" in der Schwäbisch-alemannischen Fasnet: den Winter und das Unheimliche, Boshafte.

Nach etwa einer Viertelstunde mischen sich in die dumpfen Trommelschläge des Schrätteletanzes die hellen Klänge von „G'schellen" und ein fröhlicher Narrenmarsch. Die „Weißnarren", die in Waldsee „Faselhannes" heißen, stürmen in ihren schneeweißen, blumenverzierten „Häsern" die Szene. Kurz nach der Geisterstunde zwischen dem „Schmotzigen" Donnerstag und dem „Bromigen" Freitag ist jedes Jahr die Vertreibung des Winters vollbracht. Sollte es Petrus dennoch Eisenstecken schneien lassen, dann hat er sich eben im Kalender geirrt, die Narren irren prinzipiell nie.

Einige Stunden vor der mitternächtlichen Niederlage des Winters ist im wunderschönen gotischen Rathaussaal von Bad Waldsee die „Obrigkeit" „entmachtet" worden. Alles lief dabei nach einem festen Zeremoniell ab. Gleich nachdem der Bürgermeister sein Siegel in den warmen Lack auf der „Abdankungsurkunde" gepreßt hatte, verlieh ihm der Zunftmeister der Narren eine neue Amtskette und machte ihn zum „Obersten aller Narren". Und seine echten Gemeinderäte, in falschen Ratsherrenroben und ebenso falschen Perücken, klatschten Beifall, waren mit den Räten der Narrenzunft ein Herz und eine Seele. Unter deren Kappe steckt auch ein Sproß des Hauses Waldburg. Jenes Hauses Waldburg, das die Stadt fast 300 Jahre lang mit eiserner Faust als Pfand hielt und gängelte. Die Habsburger hatten Waldsee einfach verpfändet, weil sie Geld brauchten.

Fasnet ist – zumindest in Teilen – fröhlich, und in Oberschwaben wird Fröhlichkeit gern in einem Atemzug mit dem Barock genannt. Das Wort von der „barocken Lebensfreude" ist hier nicht bloß geflügelt, es hat veritable Adlerschwingen. Nur zu einem wirklichen Spiel von der verkehrten Welt hat es die Fasnet hier zumindet in der Gegenwart nicht gebracht. Narrenobere und kommunale „Obrigkeit" arrangieren sich jährlich zu einer schönen, feuchtfröhlichen Woche im ausgehenden Winter. Das mag in den alten Zeiten vielleicht anders gewesen sein, als das Narrentum eine der ganz seltenen Möglichkeiten für Widerspruch und Aufmüpfigkeit, ja für Opposition darstellte. Da setzte es denn zuweilen auch knallharte Fasnetsverbote.

Der Tag nach der „Machtübergabe" gehört dem Volk auf der Straße. Man zieht vor das Haus des „Wächsebäcks", zum „Wächsebrauch". Hoch oben in den Fenstern des Giebels erscheinen „Schwellköpf", Masken, über deren Maße der Name alles sagt. Diese grimmig-lustigen Figuren werfen Wecken, Würste, Südfrüchte und „Gutsle" herunter. Hunderte Hände recken sich in die Höhe, es sind vor allem Schüler, die von dem Segen was erhaschen wollen. Mitten in dem Höllenlärm skandieren Junge und Alte, Pennäler, Maskenträger und die Zimmerleute vom Narrenbaum Narrensprüche, die an Deftigkeit nichts zu wünschen übrig lassen. Bis in die Nacht des Fasnet-Dienstags ist Hochbetrieb in allen Wirtschaften. Es ist nicht ausgeschlossen, daß dabei so manche „Sau rausgelassen" wird und das ganze Jahr über gehütete Wahrheiten über die Lippen kommen. Der Alkohol tut das Seine dazu. Aber es gibt ja den Aschermittwoch und die Beichte...

Hexenfeuer

69

Das Ortsbild von Wolfegg wird völlig beherrscht durch den Komplex aus Schloß und Kirche. In der Architektur wird hier schon das historisch-politische Bündnis zwischen Adel und Klerus manifest. Das Renaissance-Schloß und die spätbarocke Kirche sind – deutlich sichtbar – mit einem gedeckten Gang verbunden. Trockenen Fußes konnten und können die Schloßherren ihre Sonntagspflicht erfüllen.

Allein die beiden Anfahrten sind schon ein Erlebnis! Ich sage bewußt, die beiden, denn bis heute weiß ich nicht, ob es schöner ist, sich Wolfegg von Ravensburg oder von Weingarten her zu nähern. Am besten aber sollte die Reise im späten Frühling unternommen werden, im Allgäu gibt es nämlich keine modernen Obstplantagen – und was übertrifft schon die Schönheit blühender Streuobstwiesen voll alter Apfel- und Birnbäume?

Wer gern aus Bauten Geschichten herausliest, sollte allerdings auf der von Weingarten kommenden Straße, bevor sie sich in das Dorf Wolfegg absenkt, aussteigen. Begibt man sich ein paar Schritte nach links in die Wiese (aber erst nach dem ersten Schnitt!), bietet sich dem Auge ein traumhaft schöner Postkartenblick:

Das Renaissanceschloß und die barocke Kirche Wolfegg.

1733 bis 1742 wurde die Kirche von Wolfegg nach den Plänen von Johann Georg Fischer, einem Neffen Herkommers gebaut. Die für die damaligen Verhältnisse lange Bauzeit zeigt an, daß hier nicht die gegenreformatorische Ungeduld eines Abts die treibende Kraft war. Bauherren waren Graf Ferdinand Ludwig von Waldburg-Wolfegg und dessen Gemahlin, Maria Anna von Schellenberg. Adlige, die hier eine fromme Pflicht erfüllten. Die Waldburger unterhielten in Wolfegg auch ein kleines Augustinerkollegialstift.

Erst bei näherem Hinsehen erschließt sich die Verbindung von Schloß und Kirche: ein gedeckter Gang erlaubt es dem Schloßherrn jederzeit, trockenen Fußes die Fürstenloge in der Kirche zu erreichen.

Der Gang wurde übrigens erst im 19. Jahrhundert gebaut, als sich die Häuser Württemberg und Waldburg längst über die Aufteilung des örtlichen Kirchenvermögens geeinigt hatten. Bis in die jüngste Vergangenheit wurde dieser bequeme Kirchweg von den Mitgliedern der Fürstenfamilie benutzt. Man kann dieses Stück Architektur durchaus als eine sichtbare Verbindung zwischen Adel und Kirche deuten.

Signifikanter ist allerdings die Existenz der Fürstenloge in der Kirche selbst. Sie ist Architektur gewordener Ausdruck des Patronatsrechts, das seit dem Zweiten Vatikanischen Konzil eigentlich abgeschafft ist, aber in einigen Regionen Süd- und Südwestdeutschlands auf wundersame Weise überlebt hat. Nicht nur das Haus Waldburg, sondern auch andere Adelsfamilien, wie zum Beispiel Thurn und Taxis, stellen noch Patronatsherren. Dem Patronatsherrn oblag früher in seinem Gebiet die Kult- und Baupflicht, das heißt, er mußte für den Bau und die Erhaltung der Kirche und für die Kosten des liturgischen Lebens aufkommen. Diese Pflichten sind inzwischen größtenteils an den Staat beziehungsweise die Kirchengemeinden und die Diözesen übergegangen. Geblieben ist das sogenannte „Präsentationsrecht". Der Fürst darf dem Bischof, wird eine Pfarrstelle vakant, einen Kandidaten seiner Wahl „präsentieren", ja er dürfte sogar die Abberufung eines ihm mißliebigen Pfarrers betreiben.

Alles in allem scheint es sich um ein uns heute kurios anmutendes Denkmal der Rechtsgeschichte zu handeln: ein lebendiges Relikt aus feudaler Zeit.

Der Blick aus dem Rittersaal des Schlosses fällt auf die Höfe der ehemaligen Untertanen. Sie mußten den Fürsten und Grafen Waldburg-Wolfegg ein standesgemäßes Leben erwirtschaften.

Wie geht man heute, am Ende des zweiten Jahrtausends der Kirchengeschichte, in einer demokratischen, aufgeklärten Gesellschaft mit dem Patronatsrecht um? Ich durfte darüber mit den beiden Protagonisten dieses Rechts in Wolfegg, Fürst Max Willibald von Waldburg zu Wolfegg und Pfarrer Otto Schmid, Interviews führen.

Den Fürsten habe ich vorab nach seiner Einschätzung des Phänomens der Leibeigenschaft gefragt, ist er doch Sproß eines Hauses, das jahrhundertelang über Leibeigene herrschte. Fürst Max Willibald von Waldburg zu Wolfegg gab das Interview im Rittersaal seines Schlosses. An den Wänden die überlebensgroßen Gestalten seiner Vorfahren – Ausdruck eines Personenkults, den die deutsche Barockkunst von der italienischen Renaissance übernahm.

Durchlaucht, der alte Spruch, daß unter dem Krummstab gut leben sei, impliziert ja, daß es sich unter der Adelsherrschaft schlechter lebte. Kann man das so stehen lassen?

Das glaube ich nicht. Der Spruch begreift das ganze Wesen der Leibeigenschaft; daß die Leibeigenschaft insofern ein sehr angenehmes Dasein war, als man eben für seine Altersversorgung gesichert war. Es sind Spitäler errichtet worden. Und die Frage mit dem Krummstab möchte ich sogar stark in Frage stellen! Nach dem Weingartener Vertrag (am 18.4.1525 diktierte Georg Truchseß von Waldburg den aufständischen Bauern einen Frieden nach seinen Bedingungen), hat man dem Truchseß, dem Bauernjörg, vorgeworfen, daß er die Bauern hereingelegt habe; indessen war der Fürstabt von Kempten der erste, der den Vertrag nicht erfüllt hat; und die Zehntschraube weiter angezogen hat. Wenn Sie auf unsere heutigen Steuerzettel schauen, dann haben Sie sehr viel höhere Abzüge als ein Zehntel und vielleicht eine etwas bessere Sozialversorgung, aber im allgemeinen ist das, was wir heute an Steuern zahlen, nicht zu vergleichen mit dem, was damals den Steuersäckel füllte.

Aber es war doch ein sehr hartes System der Unfreiheit, es gab keine Freizügigkeit, es gab kein freies Heiraten, und es gab, umgerechnet in unsere heutigen Verhältnisse, einen Steuersatz von 35 bis 40 Prozent und den für arme Leute?

Wenn man den umrechnet auf den heutigen Lebensstandard beziehungsweise die Einkünfte in Relation setzt, mag das richtig sein. Aber was war denn anderes, als wenn man gesagt hätte, unter dem Krummstab ist schlecht leben? Wenn wir das mal umdrehen: Es war ja keine andere Wahl und insofern war es natürlich rein werbemäßig ein sehr guter Slogan, meiner Ansicht nach, die Leute einfach

Fürst Max Willibald von Waldburg zu Wolfegg im Rittersaal, der heute ein hochgeschätztes Ambiente für kulturelle Veranstaltungen abgibt.

Die Wände des Rittersaals schmücken lebensgroße Holzplastiken der Waldburger. Sie sind Teil der barocken Ausstattung des Schlosses, das im 30jährigen Krieg von Truppen des schwedischen Generals Wrangel gebrandschatzt und geplündert worden ist.

auch durch Sprüche glauben zu machen, daß es ihnen gut geht. Das haben wir ja in unserer Generation auch häufig erlebt; Was ist uns im Krieg nicht alles erklärt worden, was gut ist!

In Wolfegg besteht noch, die Kirchgemeinde betreffend, ein Patronatsrecht von Seiten ihres Hauses. Das ist ein Relikt, das heute wie ein Dinosaurier, ein Rechts-Dinosaurier anmutet. Welchen Umgang pflegen Sie mit diesem Recht, was bedeutet es heute noch für Sie?

Nun, das Recht hat sich dadurch ziemlich von selbst eingeschränkt, daß die Unterhaltungslasten fast überall abgelöst worden sind und die Verpflichtungen auf bauliche Leistungen ja erloschen sind. Übriggeblieben ist das Präsentationsrecht des Pfarrers, und das ist natürlich auch ausgehöhlt, weil es keine Pfarrer mehr gibt, die sich präsentieren lassen. Ich habe allerdings in letzter Zeit in zwei Pfarreien neue Pfarrer präsentiert, es war natürlich immer nur ein Bewerber. Ich hab' den aber nicht blind präsentiert, ich hab' mir den schon angeschaut und gehört, was der in seiner bisherigen Pfarrei alles verzapft hat, in der Predigt, und wie er sich eben einstellt zum christlichen Leben und wie er die Seelsorge hauptsächlich betreibt. Und deswegen hab' ich da einen gewissen Vorlauf gehabt und gewußt, der Mann ist sicher nicht schlecht – es gab keinen besseren, aber auch keinen schlechteren.

Pfarrer Otto Schmid steht in der von Johann Georg Fischer gebauten Kirche. Im Hintergrund ganz deutlich die Fürstenloge, welche durch einen gedeckten Gang vom Schloß aus direkt erreicht werden kann.

Herr Pfarrer Schmid, Sie haben in Ihrer Kirche noch immer die Fürstenloge, ein Relikt aus feudaler Zeit. Wie lebt sich's als Pfarrer damit Mitte der neunziger Jahre?

Man kann sagen, daß in dieser Fürstenloge das Patronatsrecht Architektur geworden ist und in unserer Kirche ein fester Bestandteil, der auch nicht ohne Schaden weggenommen werden kann. Ich persönlich habe Erfahrungen mit Patronaten schon in Kißlegg gemacht, wo die Kaplanei zum Patronat Zeil (Waldburg-Zeil) gehört, und jetzt hier seit 25 Jahren in Wolfegg, wo die Pfarrei auch Patronat des Fürstenhauses ist.

Links hinter Pfarrer Schmid die Patronatsloge, die einen direkten Zugang vom Schloß her besitzt.

Was sind das für Erfahrungen? Ist man bedrückt durch dieses Recht, das es ja seit dem Zweiten Vatikanischen Konzil eigentlich gar nicht mehr gibt?

Bedrückt bin ich sicher nicht, sondern ich bin sehr gelassen. Ich hab' das Fürstenhaus als Pfarrkinder und genauso die Leute im Dorf, da gibt es keine großen Unterschiede. Erfreut sind wir über das Patronatsrecht immer dann, wenn der Patron auch die Pflichten des Patronats erkennt: Zum Beispiel hat bei der letzten Renovation der Kirche das Fürstenhaus einen ensprechenden Anteil an den Baukosten zugeschossen und da sind wir natürlich sehr froh.

Zu den Rechten gehört andererseits, daß der Fürst bei der Berufung und Abberufung von Pfarrern mitsprechen kann. Hat das überhaupt noch einen realen Hintergrund – heute?

Ja, das ist die andere Seite. Bei der Vakanz der Pfarrstelle darf der Patronatsherr einen Geistlichen aus der Zahl der Bewerbungen dem Bischof präsentieren, aber die Ernennung spricht dann der Bischof aus. Das war auch in meinem Fall so.

Mußten Sie sich irgendwann einmal stromlinienförmig auf die Meinung des Fürsten anpassen?

Durchaus nicht! Ich hab' selbstverständlich damals, vor dem Stellenantritt einen Antrittsbesuch gemacht, um mich vorzustellen. Und dabei hat mich der damalige Patronatsherr, der selber ein großer Lateiner war, auf meine lateinischen Kenntnisse geprüft – und ich hab' offenbar bestanden.

Kirche von Wolfegg. Deckenfresko. Kampf zwischen Graf Johannes von Sonnenberg und Cavaliere Antonio Maria d'Aragona di San Severino.

Vom Segen eines Stellvertreterkrieges: Ein solcher Satz klingt für den Zeitgenossen zynisch. Worin sollte wohl der „Segen" eines Stellvertreterkrieges liegen? Wir sind gewöhnt, derlei eher als dunkle Seite in der Politik der Großmächte zu werten, als die Taktik, kleinere Nationen oder Bevölkerungsgruppen für eigene Interessen einzuspannen. Nach dem Motto: Sollen doch die sich „stellvertretend" gegenseitig die Köpfe einschlagen. Dies sei immer noch besser als der heiße Krieg von Großmächten gegeneinander, wird gesagt. Aber Segen? Da müßte es schon zugehen wie im Deckenfresko der barocken Kirche von Wolfegg, aus dem leider weltweit nichts gelernt wurde.

Zunächst mutet es etwas befremdlich an, den Freskenhimmel des Gotteshauses von Wolfegg mit einem durch und durch fröhlichen Heerlager gefüllt zu sehen. Den Entwurf dazu hat Franz Joseph Spiegler aus Wangen hergestellt. Wir sind diesem großen Maler schon in Zwiefalten begegnet. Ob Spiegler die ganze Kuppel auch eigenhändig ausgemalt hat, ist zumindest zweifelhaft. Aber Meister wie er hatten in der Regel etliche begabte Schüler, die diese Arbeit realisierten. Es finden sich in dem Fresko zudem Teile, die man durchaus als Schabernack eines Schülers deuten könnte. Oder was sonst soll man mit grinsenden Pferdegesichtern anfangen, denen lustige Blätter oder phantasievolle Puschel als Ohren aufgesetzt wurden?

Die Geschichte, die im Fresko erzählt wird, ist folgende: Der erst 17 Jahre alte Johannes von Sonnenberg, Truchseß von Waldburg, war mit einem Heer des Herzogs Sigmund („der Münzreiche") von Tirol nach Oberitalien gezogen. Es galt, der Republik Venedig ein Stück Land zu entreißen, die Gegend von Rovereto bei Trient. Das ganze war einer jener spätmittelalterlichen Raubkriege, in denen das Haus Habsburg auf italienischem Boden zusammenraffte, was es kriegen konnte (Italien existierte zu der Zeit weder als Staat noch als Nation und die deutschen Kaiser führten das „Römische Reich" im Titel).

Vor Rovereto lagen also im Jahr 1487 die beiden Heere, und sie lagen so gut, daß keines aus seiner Stellung heraus wollte. Also beschloß man nach Verhandlungen, es sollte jede Partei einen Ritter in den Kampf schicken. Der Gewinn des Duells sollte ebenfalls den Sieg in der Feldschlacht bedeuten. Dabei war auch nicht der Tod des Gegners als Zeichen des Sieges gefordert. Jeder hatte die Freiheit aufzugeben, indem er laut die Heilige Catharina anrief.

Wie zu Beginn eines klassischen Turniers gingen Johannes von Sonnenberg und der Cavaliere Antonio Maria d'Aragona di San Severino zu Pferde, mit eingelegten Lanzen aufeinander los. Während des Kampfes sah es für Graf Johannes gar nicht gut aus. Sein Pferd soll gescheut und ihn abgeworfen haben. Aber zu ebener Erde wendete sich das Blatt.

Köstlich schildert die Pappenheim'sche Truchsessenchronik das Ende des Kampfes: „Als sy nun am ringen myed worden und sich des Atthumbs erhollten, greift der von Sonnenberg mit der linken Hand einen Schurtz, den der Welsche anhett und den er aufheben und entplössen thätt und stach den Walchen in die entblößte Stelle. Der war so erschrocken, daß er anfing zu schreien „catharina, catharina"."

Es lohnt, ganz genau hinzusehen: Aragona nutzt es gar nichts, daß er Sonnenberg, beinah besiegt, im Schwitzkasten hatte. Übrigens ist 1509, ein Jahr vor dem frühen Tod des Grafen Johannes von Sonnenberg, Rovereto für lange Zeit vom Haus Habsburg vereinnahmt worden, es wurde Teil der Gefürsteten Grafschaft Tirol.

Leider machte das Beispiel dieses „Stellvertreterkrieges" nicht Schule. Die Darstellung des alten Schlosses von Wolfegg hatte bereits im Barock nur noch Erinnerungswert. Das Schloß war von den Schweden unter General Wrangel im 30jährigen Krieg in Schutt und Asche gelegt worden. Spätestens dieser Krieg ersetzte ein für alle Mal die Ritterlichkeit durch die Niedertracht.

Der dritte Teil
Mit Pretiosen gepflastert, der Weg zum bitteren Ende...

In der Gegend von Tettnang hält sich immer noch eine recht kurze, aber für das Selbstbewußtsein der dort lebenden Menschen bezeichnende Sage: Als Adam und Eva aus dem Paradies vertrieben wurden, soll sie der zornige Erzengel Gabriel mit dem Flammenschwert in der Hand auf oberschwäbisch angeherrscht haben: „Ihr mont fort!" Ins Hochdeutsche übertragen: „Ihr müßt fort!" Sie sollen sich danach die zweitschönste Gegend nach dem Paradies als Asyl ausgesucht haben, eben jenen vor Fruchtbarkeit strotzenden Landstrich nördlich des Bodensees. Und der Name der künftigen Obrigkeit klingt, zumindest in der Mundartversion des Befehls auch schon an: Montfort. Genauso ist dieses Grafengeschlecht aus Vorarlberg auch auszuprechen. Die gerne von „feinen" Leuten angewandte französische Aussprache ist grob falsch. Korrekt ist sie nur, wäre damit jenes französische Adelsgeschlecht aus der Nähe von Rambouillet gemeint. Das aber hat mit den Montfortern nichts gemein.

Selbstverständlich birgt auch diese kleine Sage ein Körnchen Wahrheit: die Obst- und Hopfenlandschaft um Tettnang trägt durchaus paradiesische Züge, und die Montforter wußten sicher, warum sie das schönste und größte ihrer Schlösser auf diesen Rand des Stadthügels von Tettnang stellen ließen. Als sie das taten, befanden sie sich in einer beinahe so verzwickten Lage wie Adam und Eva: was ihre Finanzlage anging, waren sie Asylanten im eigenen Land. Das Haus Montfort war total überschuldet und hatte einen mächtigen Gläubiger, nämlich Habsburg. Immer wieder hat das kaiserliche Erzhaus den Montfortern mit Finanzspritzen unter die Arme gegriffen. Das Motiv dafür war keineswegs selbstlos: ein wenig hingen die Habsburger immer noch dem Traum nach, in „Vorderösterreich", diesem Fleckenteppich der Geschichte, zu einem arrondierten Herrschaftsgebiet zu kommen.

Ist es ein oberschwäbisches Belvedere? Mit vergleichenden „Ehrentiteln" für Bauwerke ist das so eine Sache. Weingarten ist immer wieder und mit lokalpatriotischem Stolz das „Schwäbische St. Peter" genannt worden, was man ja aus der Struktur und den Abmessungen des Baus durchaus herauslesen kann. Aber das Belvedere des Prinzen Eugen in Wien, vom Reißbrett des berühmten Meisters Lukas Hildebrandt, und das Montfort-Schloß in Tettnang, von dem Isnyer Benediktiner Christoph Gessinger entworfen, sind zweierlei. Legt man der Bezeichnung „Belvedere" aber ihre wörtliche Bedeutung zugrunde, den „schönen Blick", dann befinden sich lokaler Stolz und Wahrheit wieder im Lot. Die Schönheit des Ausblicks vom Belvedere in Wien hält sich in Grenzen. Der schöne Ausblick von Schloß Montfort aber umfaßt den Bodensee und die Alpen!

Im Mittelalter befand sich an dieser Stelle eine Burg, die von den Schweden im 30jährigen Krieg zerstört wurde. Es wird sogar vermutet, daß dort ursprünglich ein römisches Kastell stand, doch sind bis heute keine Spuren davon nachgewiesen worden.

Das Konzept des Baus des heute sichtbaren Schlosses entsprach schon bei seiner Entstehung nicht den aktuellen Modeströmungen. Ein trutziger Vierkant mit einem rechteckigen Innenhof als Grundriß vermittelt etwas Burgartiges, Kompaktes. 1712, als Graf Anton III. mit Gessinger den Bauvertrag schloß, baute man in den

Im ersten Entwurf Gessingers hatte das neue Tettnanger Schloß noch einen viel stärkeren Burgcharakter. Es war sogar vorgesehen, den wassergefüllten Burggraben des alten Baus an derselben Stelle beizubehalten.

Ein Besuch bei den verschwägerten Schönborns brachte Graf Anton III. aber von dieser Idee ab. Burggräben galten in diesen Kreisen wohl als sehr altmodisch.

großen Residenzen nach dem Vorbild von Versailles, mit ausladenden Flügeln. Aber vielleicht legte der Platz am Rande des Hügels den Burgcharakter nahe. Daß daraus trotzdem keine Burg wurde, liegt an den mit Pilastern schön gegliederten Fassaden und vor allem an dem Kunstgriff, die Ecktürme zu verkanten.

Heute sieht man es dem Bau nicht mehr an, wieviel Unglück mit ihm verbunden war: nicht nur der Niedergang des Hauses Montfort und die Finanzierung auf Pump. 1735 und 1753 wüteten Brände, für den Wiederaufbau wurde der Klosterbaumeister von Schussenried, Jakob Emele, engagiert.

Jetzt präsentiert sich das Schloß als exquisite Heimstatt mehrerer Behörden, die „Beletage" im Stadtflügel zeigt als Museum eine grandiose Zimmerflucht, der sogenannte Bacchussaal wird für Konzerte genutzt.

Der Gang in die Treppenhäuser der Ecktürme bringt faszinierende Antworten auf die immer wieder gestellte Frage nach dem Wesen des Barock: Alle vier Treppenhäuser vermitteln den Eindruck schwindelnder Höhe, zwei davon sind mit leuchtenden Deckenfresken abgeschlossen, zwei Plafonds sind leer – das Geld war alle. Aufgebraucht durch ein luxuriöses Leben.

Und die beiden Fresken? Man sieht ihnen das Arbeitstempo des Malers Andreas Brugger aus Langenargen an. Er schuf sie in den Jahren zwischen 1760 und 1770. Ihr Thema ist das fröhliche Leben auf dem Lande – aber nicht nur!

Bei dem Deckengemälde des linken Treppenhauses ist bemerkenswert, daß sich der Vorletzte seines Geschlechts, Graf Franz Xaver von Montfort, hier eine Allegorie des jovialen Landesvaters inmitten seiner fröhlichen Untertanen hat malen lassen. Um ihn herum gruppiert sich das Volk im Reigen der Jahreszeiten und feiert.

Pleite – was ist das? Der tägliche Überlebenskampf auf den Höfen – geschenkt! Heute wird gelebt, denn alle wissen, daß dieses Leben in der Regel nicht viel länger als dreißig Jahre dauert.

Die Menschen, die sich um den Landesherrn scharen, sind vor landschaftlichen, aber auch architektonischen Elementen hervorgehoben. Sie sind bei vier verschiedenen, den Jahreszeiten entsprechenden Tätigkeiten dargestellt: dem Aufwärmen am Feuer nach dem Holzhacken im Winter, der herbstlichen Weinlese, der Landarbeit im Sommer und der Gartenarbeit im Frühling. Der Herr, mit einem leuchtend blauen, aber bemerkenswert bescheidenen Rock bekleidet, ragt über seine Untertanen hinaus.

Aufgrund dieser Komposition und Farbwahl wird also auch optisch die dominierende Stellung des Landesherrn über sein Volk vor Augen geführt.

Andreas Brugger, der hinter einem Busch hervorlugt, war Langenargener, also ein „lokaler" Künstler. Er hatte aber das Glück, in Anton Maulbertsch einen hervorragenden Lehrmeister zu finden. Maulbertsch stammte ebenfalls aus Langenargen am Bodensee, hatte aber schon sehr früh in Wien Karriere gemacht.

Detail des Jagdfreskos des rechten Treppenhauses: Selbstporträt des Andreas Brugger

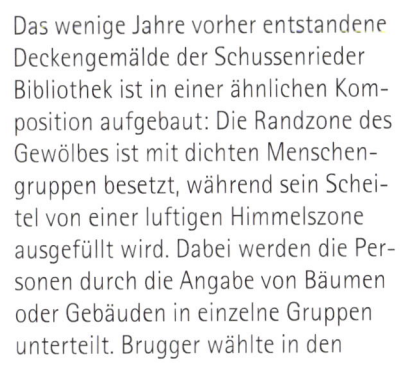

Von erstaunlicher Individualität ist dieses Bild eines Hundeführers aus dem Jagd-Zyklus.

Das Deckenfresko des rechten Treppenhauses ist einem anderen Thema gewidmet, da tönt Hörnerschall und Hundegebell: Auf, auf zum fröhlichen Jagen! Wer will schon daran denken, daß während der ganzen Epoche die Jagd ausschließlich der Obrigkeit vorbehalten war, daß Wilderei, selbst wenn sie des Hungers wegen begangen wurde, mit drastischen Leibesstrafen geahndet wurde. Daß die Untertanen an der Jagd nur als Gehilfen und vor allem als Treiber beteiligt waren. Und die Treiber lebten ziemlich gefährlich.

Das Gemälde ist ebenso aufgebaut wie sein Pendant im linken Treppenhaus; auch hier sind vier Einzelszenen differenziert, die sich jedoch alle unter dem einen Thema der Jagd zusammenschließen: Hirsch- und Saujagd, Hühner- und Hasenjagd präsentiert der Künstler. Brugger gestattete sich dabei einen Scherz; er integrierte sein eigenes Porträt in die Szene der Hirschjagd, indem er sich als neugieriger Zuschauer darstellte, der aus den Büschen hervorlugt.

Das wenige Jahre vorher entstandene Deckengemälde der Schussenrieder Bibliothek ist in einer ähnlichen Komposition aufgebaut: Die Randzone des Gewölbes ist mit dichten Menschengruppen besetzt, während sein Scheitel von einer luftigen Himmelszone ausgefüllt wird. Dabei werden die Personen durch die Angabe von Bäumen oder Gebäuden in einzelne Gruppen unterteilt. Brugger wählte in den Treppenhausgewölben des Tettnanger Schlosses einen konkreten Hintergrund, der vom Himmel abgeschlossen wird. Ungefähr fünfzig Jahre früher hatte Asam in der Basilika von Weingarten seine Figuren über das gesamte Deckengewölbe verteilt, wobei er auf Landschaftsangaben verzichtete, und durch transzendente Farben Tiefenwirkung erreichte.

In diesen Variationen zeigt sich exemplarisch die Vielfalt an Kompositions- und Darstellungsweisen der Barockkünstler.

In die Allegorie der vier Jahreszeiten hat Franz Xaver von Montfort auch die Allegorie des glücklichen, gnädigen Landesherrn malen lassen, der sich leutselig in die Mitte seiner fröhlichen Untertanen begibt.

Einer der beiden roten Salons in jener Zimmerflucht des Stadtflügels, die heute als Schloßmuseum öffentlich zugänglich ist. Möbel, Tapeten, Uhren stammen fast zu hundert Prozent aus heutigen Beständen des Württembergischen Landesmuseums. Die Originalausstattung wurde ab 1780, der Übernahme des Montforter Besitzes durch Habsburg, zu Geld gemacht.

Das heutige „Schloßmuseum" im Stadtflügel des neuen Tettnanger Schlosses vermittelt einiges von den Absichten aristokratischer Wohn- und Repräsentationsarchitektur: vor allem galt es, Eindruck zu machen durch die Weitläufigkeit der Zimmerfluchten und die Kostbarkeit der Ausstattung. Zugleich sollten die Räume aber auch mehrfach nutzbar sein. Also baute man die Zimmerflucht mit Durchgangstüren auf einer Fluchtlinie und öffnete so den Blick auf eine schier unendliche Reihe von Räumen, deren Grundfarben aufeinander abgestimmt waren. Die Durchgangstüren können aber auch geschlossen werden, so daß jeder Raum einzeln nutzbar ist, weil er ja noch eine separate Eingangstür vom Flur her hat. Die Flure selbst sind sehr großzügig und mit erlesenem, sehr dezenten Stuck und Wandbildern geschmückt.

Franz Xaver von Montfort, der nach dem schrecklichen zweiten Brand des Schlosses im Jahre 1753 den Wiederaufbau begann, obwohl er praktisch Pleite war, bemühte sich, für die Ausstattung die besten Künstler zu engagieren, die zu gewinnen waren. Die Liste der Meister läßt an Qualität und Prominenz nichts zu wünschen übrig: Joseph Anton Feuchtmayer, Johann Georg Dirr und Andreas Moosbrugger sorgten für erlesenen Stuck; Franz Martin Kuen, Johann Joseph Kauffmann und seine später so berühmte Tochter Angelika, sowie Andreas Brugger malten auf Leinwand und Verputz, später kam noch der Stukkateur Johann Caspar Gigl hinzu.

1770 war die Ausstattung der Beletage, der Schloßkapelle und der Treppenhäuser weitgehend abgeschlossen und das Haus Montfort finanziell am Ende. Das Leben in Luxus und Schönheit forderte Tribut, aber auch der große Brand, bei dem allein Mobiliar, Ausstattung und Kleider im Wert von 100 000 Gulden vernichtet worden sein sollen. Die letzten zehn Jahre seines Lebens müssen für Franz Xaver sehr bitter gewesen sein. Nicht enden wollende Verhandlungen mit dem Haus Habsburg um neue Kredite werden wohl nicht ohne Demütigung verlaufen sein. Dazu die Gewißheit, daß die finanzielle Lage nie mehr im Sinn des Hauses Montfort würde bereinigt werden können. 1780 war es dann soweit, die Reste der Grafschaft Montfort fielen an Österreich. In diesem Jahr ist Franz Xaver gestorben.

Als ersten Schritt zur Schuldentilgung ließen die Habsburger die gesamte Ausstattung des Schlosses verkaufen. Sogar die Tapeten wurden zu Geld gemacht. Nur wenige Möbel und einige Familienportraits blieben im Besitz von Franz Xavers Bruder Anton. Der hat sich nahe dem alten Tettnanger Torschloß ein einfaches bürgerliches Haus bauen lassen; darin ist er 1787 als letzter eines der ältesten und ruhmreichsten deutschen Adelsgeschlechter gestorben. Sieben Jahre nach seinem Tod wurde ihm in der Pfarrkirche von Tettnang ein Denkmal errichtet, das unter anderem einen Putto zeigt, der ein Füllhorn mit Geld ausschüttet! In der Inschrift bedanken sich die Armen der Herrschaften Argen, Tettnang und Schomburg bei ihrem Wohltäter, Anton IV., dem letzten derer von Montfort. Die heutige Ausstattung der Zimmerfluchten der Beletage, also des Schloßmuseums, ist vom modernen Denkmalschutz arrangiert, der im übrigen das Verdienst beanspruchen darf, hier in dreißigjähriger Arbeit Vorbildliches für die Nachwelt geleistet zu haben.

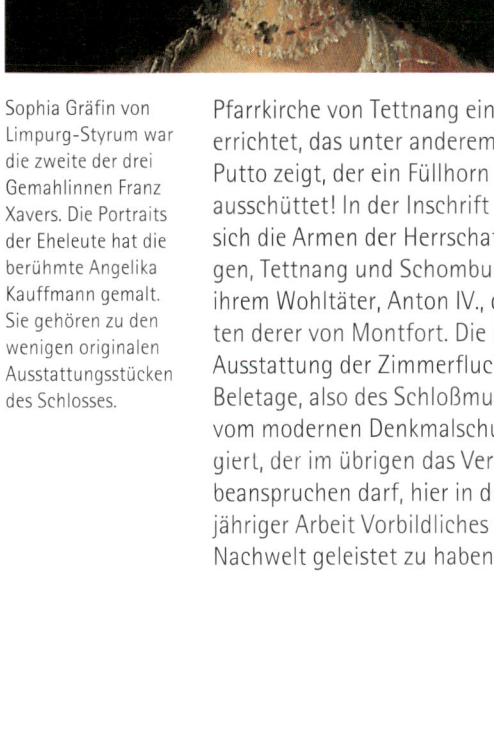

Das grüne oder Spiegelkabinett. Der Stuck ist von Joseph Anton Feuchtmayer. Den Namen Spiegelkabinett erhielt es, weil winzige Spiegelscherben aus den Trümmern des Brandes in der Dekoration verarbeitet worden sind.

Franz Xaver von Montfort (1722–1780), der Enkel Anton III., hat nach dem schrecklichen Brand von 1753 das Schloß wiederherstellen lassen.

Sophia Gräfin von Limpurg-Styrum war die zweite der drei Gemahlinnen Franz Xavers. Die Portraits der Eheleute hat die berühmte Angelika Kauffmann gemalt. Sie gehören zu den wenigen originalen Ausstattungsstücken des Schlosses.

Erika Dillmann vor dem Vagantenkabinett

Der Hechelmacher war einer jener typischen „Stöhr"-Handwerker, die von Hof zu Hof wanderten. Mit den Hecheln wurde der gebrechelte Flachs ausgekämmt, bis die Fasern sauber und geordnet gesponnen werden konnten.

Das Vagantenkabinett war, als wir dort drehten, erst zur Hälfte renoviert und deshalb noch nicht öffentlich zugänglich. Ein schönes Turmzimmer mit Licht von drei Seiten. Das „Privatissimum" des vorletzten Montforters trägt den Namen „Vagantenkabinett". So etwas läßt aufhorchen.

Die Bilder an den Wänden erstaunen: Hier sind sie ja, jene einfachen Leute, und ihre Kleider sind zerlumpt, die Schuhe löchrig. Nur eine Frau, eine Zitronenverkäuferin, kommt einigermaßen ordentlich daher, aber Zitronen waren damals purer Luxus, wer damit handelte, war wohl was Besseres. Der Knabe an ihrer Hand hat allerdings einen Gesichtsausdruck, als wäre er behindert.

Die in Tettnang lebende Schriftstellerin Erika Dillmann hat mich auf diese Bilder aufmerksam gemacht. Sie selbst hat sich vielfach um ein persönliches Nahverhältnis zu jenen Figuren einer längst vergangenen Geschichte bemüht.

Am Eingang zum Vagantenkabinett durfte ich mit Frau Dillmann folgendes Interview führen:

Nun sind das sehr merkwürdige Malereien in diesem Kabinett. Es sind teilweise sogar zerlumpte Gestalten. Was kann man sich denn als Motiv für den Auftraggeber vorstellen, das so hineinmalen zu lassen?

Na ja, eine Grundüberlegung ist die, daß er ja auch solche Leute um sich herum gehabt hat, wenn er nicht nur im Schloß war, sondern auch mal den Markt hochgelaufen ist. Er ist in freundlicher Erinnerung geblieben bei der Bevölkerung, also kann er kein Despot gewesen sein. Ich könnte mir allerdings vorstellen – wir sprachen ja von der Pleite – daß er den Untergang vor sich gesehen hat und daß er hier, in seinem privatesten Kabinett, das für niemanden sonst zugänglich war, eben ein plastisches Bild der eigenen Zukunft, humorvoll und anregend, vielleicht für manche schöne Runde mit Freunden hat malen lassen.

Kesselflicker und Hechelmacher waren keine sehr angesehenen Leute. Brugger ging hier so weit, ihre zerrissenen Hosen und Schuhe zu malen. Ein seltenes Beispiel von Realismus im Barock.

Selbstironie, oder Sarkasmus?

Eine Mischung von beidem – vielleicht. Ich kenne ihn nicht genau genug, um den Sarkasmus ganz auszuschließen.

Warum ist denn das so, daß derartige ungeschönte Darstellungen kleiner Leute im Barock so selten sind?

Ich glaube eben, daß das im Barock der Zeitgeist war, daß die Upper Class, das Establishement, sich mehr oder weniger abgeschottet hat nach außen. Und daß man versucht hat, der Welt dieses Geschlossene, das im Mittelalter einmal gewesen ist, auf eine besondere Weise, auf eine die Gegensätze überspielende Weise darzustellen. Und da hatten die kleinen Leute, wie wir sie vorne in den Kuppeln sehen, auf der Jagd oder im Landleben einen Platz – und sonst nicht.

Was bei uns heute ehrbar „Apotheker" heißt, war damals eher ein armseliger, reisender Quacksalber. Der Gesichtsausdruck des Mannes spricht Bände.

Die Bilder des Vagantenkabinetts im Schloß Tettnang hat Andreas Brugger auf trockenen Stuckputz gemalt (secco). Das ist keine sehr aufwendige Technik und geht schnell. Im Gegensatz zu den Deckenfresken der Treppenhäuser verstand es Brugger, die verschiedenen Typen sehr individuell zu charakterisieren.

Das Bild, das sozusagen das Programm öffnet, befindet sich über der Tür. Es zeigt einen Guckkastenmann mit Publikum. Dies war eine sehr verbreitete Unterhaltung auf Jahrmärkten, wer so ein Geschäft besaß, gehörte allerdings schon zu den Arrivierten im Schaustellergewerbe. Genauso wie die Zitronenverkäuferin unter den fahrenden Händlern. Der Apotheker wiederum gleicht eher einem armseligen Quacksalber, er befindet sich auf der gleichen niedrigen sozialen Stufe wie der Kesselflicker oder der Hechelmacher mit ihrer zerlumpten Kleidung. (Hechel waren jene nagelbestückten Brettchen, mit denen die Flachsfasern nach dem Brecheln ausgekämmt, gehechelt wurden.)

Gleichsam als programmatische Eröffnung des Bilderreigens steht das Bild des Guckkastenmanns über der Tür zum Vagantenkabinett: Ein Panoptikum des „fahrenden Volks" tut sich auf! Menschen, die der gesellschaftlichen Ächtung anheimgefallen waren und dennoch wohl eine Art „romantischer" Anziehungskraft ausgeübt haben müssen.

83

Die grünen Hügel des Allgäus: Jeder kennt den Namen dieser Landschaft, und dennoch sind ihre Grenzen vage. Es gab Zeiten, da wurde die Freie Reichstadt Ravensburg dem Allgäu zugerechnet. Geologen meinen, das Allgäu beginne, wo die ersten Drumlins staunen machen, jene sanften Endmoränen, Hügel, die aussehen, als wären sie von Menschenhand geformt – ganz unmerklich verändert sich die Landschaft. Eben noch herrschten wuchernder Hopfen und Obst vor und jetzt grüne Wiesenbuckel satt.

Geologisch sind die "Drumlins", die Wahrzeichen des Allgäus, Endmoränenhügel. In ihrem Inneren bergen sie als Schatz meist Kies, der schon viele Grundbesitzer der Region reich gemacht hat. Oft werden die Drumlins von mächtigen Linden, Eichen oder Eschen gekrönt.

Es lohnt allemal, von der Barockstraße aus Abstecher auf Nebenstraßen zu machen. Beinahe hinter jedem zweiten Hügel versteckt sich Schönheit im Kleinen. Typisch sind die etwa vierzig kleinen Seen und Fischweiher allein im württembergischen Allgäu.

Die Farbe Grün scheint heutzutage untrennbar mit dem Allgäu verbunden, aber das war nicht immer so. Bis in die Mitte des 18. Jahrhunderts dominierte neben dem Dunkelgrün des Waldes und dem Gelb der Hafer- und Dinkelfelder das Blau des Flachses. Er war die Quelle des Reichtums der mittelalterlichen Städte. Erst mit dem Siegeszug der Baumwolle und dem Ersatz des Leinens durch Milch und Käse als Haupterwerbszweig wurde das Allgäu grün.

Würde man versuchen, das Allgäu historisch und politisch in zwei Worte zu fassen, müßte man eine Anleihe bei Walter Münch, dem letzten Landrat von Wangen machen. Er nannte es eine „verhinderte Eidgenossenschaft". Das läßt zweierlei erahnen: frühe, aber gescheiterte Versuche von Demokratie und daß es sich um alemannisch besiedelten Boden handelt.

Die erste große Zäsur war hier das Ende des Bauernkrieges mit dem durchschlagenden Sieg des Adels. Die nächste traf die Städte mit dem Verlust ihrer Handelsmacht – man betrachte nur die eben angesprochene Geschichte der Leinenweberei. Dazu kam, daß die Stadtbevölkerungen zu großen Teilen zum Protestantismus abfielen. Das brachte sie in verschärfte Gegnerschaft zu den mächtigen Grundherren ihrer Umgebung, den Adelshäusern wie den Klöstern.

Die Blüte des Absolutismus im 18. Jahrhundert war jedenfalls nicht die goldene Zeit der Stadtbürger. Das wird heute noch für jeden augenscheinlich, der sich in den ehemals Freien Reichsstädten der Region auf die Suche nach Barockbauten macht: Einzelobjekte mit interessanter Geschichte wird er finden. Aber barock geprägte Stadtbilder sicher nicht. Oder es gibt strikt getrennte „Doppelstädte": am deutlichsten Kempten, wo sich die Freie Reichsstadt (evangelisch) und der Komplex der Reichsabtei St. Lorenz (katholisch) nicht gerade freundlich und auf engstem Raum gegenüberstanden. Und das bis in die jüngere Vergangenheit: als es um den Bau der Eisenbahn ging, wurde ernsthaft erwogen, für jede der beiden Konfessionen einen Bahnhof zu errichten. Da scheint ganz gewiß auch eine beachtliche Dickschädligkeit durch, die den Allgäuern nachgesagt wird, die aber wahrscheinlich allen Menschen eigen ist, die kein leichtes Leben führen können.

Das Allgäu ist Voralpenland. Was das bedeutet, macht so ein Föhntag in der Nähe von Menelzhofen klar. Die Staulage vor dem Gebirge hat diese Region zur niederschlagsreichsten in ganz Deutschland gemacht.

Der viele Regen ist die Grundlage der Grünlandwirtschaft, die heute das Landschaftsbild prägt.

Das Leben im Allgäu fand und findet in Seehöhen zwischen 600 und 900 Metern statt und manchmal noch darüber. Auch dem oberflächlichen Reisenden fällt auf, daß die alten Dorfkerne sehr klein sind und die Landschaft großflächig mit Einzelgehöften und Weilern besiedelt ist. Das ist das Ergebnis der „Vereinödung"; einer Welle der Aussiedlung, die im Mittelalter begann. Als Ursachen dafür werden eine Klimaverschlechterung und das Bevölkerungswachstum angenommen. Es mußte einfach mehr Boden bewirtschaftet werden und die Aussiedlung ermöglicht dabei kurze Wege zum Arbeitsplatz auf dem Feld.

Das ist in wenigen Worten die Landschaft, durch die der größte Teil der östlichen Hauptroute der oberschwäbischen Barockstraße führt. Sehr schnell wird der Reisende dabei erfahren, daß er zum „Grenzgänger" zwischen Baden-Württemberg und Bayern wird. Mehr als ein Kuriosum wird das für ihn nicht sein, denn die Grenzen in der Zeit des Barock verliefen ohnehin völlig anders. In den Köpfen der richtigen alten Allgäuer, der „verhinderten Eidgenossen", ist das latente Mißtrauen gegen die „neuen" Obrigkeiten in München und Stuttgart ohnehin allgegenwärtig.

Die Pfarrkirche von Kißlegg, St. Gallus und Ulrich, hat einen mittelalterlichen Kern, der im 16. Jahrhundert erneuert wurde. Zwischen 1734 und 1738 gab ihr Johann Georg Fischer, der uns schon von den Plänen für die Kirche von Wolfegg bekannt ist, ihr jetziges Aussehen, indem er einen neuen Chor errichtete. Die Kirche beherbergt einen 21teiligen Silberschatz, der heute den Hauptanziehungspunkt für Besucher von Kißlegg bildet.

Kißlegg

Ein edles Menschenbild: Der Silberschatz von Kißlegg. Kaum glaublich erscheint uns heute die Geschichte des einzigartigen Ensembles, aber sie ist verbürgt:

Geschaffen hat die 21 Teile des Silberschatzes der Augsburger Meister Franz Christoph Mederle (manchmal auch Mäderl geschrieben) in den Jahren 1751 bis 1757. Der Schatz umfaßt ein Kreuz, je eine Christus- und Marienfigur, die zwölf Apostel, Büsten der Kirchenväter und zwei Reliquiare. Wahrscheinlich ist bei so einem großen, vielschichtigen Auftrag die Beteiligung von Schülern und Gesellen des Meisters. Gestiftet aber wurde der Schatz nicht von einem Fürsten, Grafen oder mächtigen Abt, sondern vom damaligen Ortspfarrer von Kißlegg, Franz Joseph Lohr und dessen Schwester Maria Agatha. Wir wissen, daß wohlhabende Bürger, oder auch Geistliche kostbares liturgisches Geschirr, manch schöne Figur zur Zierde der Altäre und Meßgewänder gestiftet haben. Aber so ein Ensemble?

Der heutige Pfarrer Krieger erzählt die Überlieferung, Franz Joseph Lohr sei ein sehr begabter Prediger gewesen und seine gedruckten Predigtanleitungen hätten sich blendend verkauft. Von Maria Agatha bezeugt eine anrührende Inschrift auf der Rückseite der Christusfigur, sie habe ihren „Lidlohn", also ihren Lohn als Magd, der Stiftung vermacht, bevor sie „Ihres Alters 35 Jahr, 10 Monath, 3 Tag ihr Leben erstreckhte... in Schweiss des Angesichts". Das war 1740.

Die Kunst der Gold- und Silberschmiede umweht von altersher ein Hauch von Tragik. Ihren Werkstoff haben die Menschen zum Maß aller bezahlbaren Dinge gemacht: dem Geld. Es würde Bände füllen, könnte man all die herrlichen Kunstwerke aus Gold und Silber aufführen, die im Schmelztiegel ein barbarisches Ende genommen haben. Im Zweifel und in der Geldnot, hat der Materialwert den Wert der künstlerischen Arbeit, ja manchmal sogar den ideellen Wert des Symbols der Religion, oder der weltlichen Macht geschlagen. Wir brauchen dabei gar nicht etwa an die ungeheure Barbarei der Conquista in Lateinamerika zu denken. Hier im guten alten Europa wurde hemmungslos eingeschmolzen, wann immer es galt, klamme Kassen bedeutender Herren zu füllen. Ganz sicher sind auch Werke vom Rang des Kißlegger Silberschatzes in der Barockzeit zu Barren und Münzen gemacht worden. Nur ein

Silberschatz, Detail: Augustinus, einer der Kirchenväter

Bruchteil der meisterlichen Pracht hat uns erreicht. Zwei Motive wurden zuallererst den Schätzen gefährlich: Die Herrschaften stürzten sich unentwegt in Kriege, also mußten die Kriegskassen gefüllt werden; und sie wurden modebewußt – auf allen Gebieten. Plötzlich war, was nicht mehr dem Geschmack entsprach, „Altsilber". Da ließ, zum Beispiel, Herzog Eberhard Ludwig von Württemberg 1728 ein kaum 15 Jahre altes großes Service aus vergoldetem Silber einschmelzen, weil es ihm nicht mehr gefiel, um mit dem Material ein neues in Augsburg machen zu lassen. Auch ältere liturgische Gegenstände wurden nicht verschont. Am Ende des Jahrhunderts traf das Schicksal des Einschmelzens Spitzenwerke der barocken Kunst, als die französischen Revolutionsheere in Deutschland einfielen. Man kann die stets gefährdete Existenz der Gold- und Silberschmiedearbeiten ein wenig mit der der Glocken vergleichen. Ihr Metall wanderte im Notfall nicht in Münzen, sondern in Kanonengießereien. Nur die Form der Glocken war zeitlos, sie wurden wenigstens nie dem Zeitgeschmack geopfert. So brutal in der Barockzeit oft mit den Kunstwerken früherer Epochen umgegangen worden ist, so herzlos und unsensibel verfuhr man im „aufgeklärten" 19. und auch noch im 20. Jahrhundert mit barocker Kunst.

Dazu noch einmal das Beispiel des Kißlegger Silberschatzes: Er hat, verbannt in dunkle Schränke, zu unserem Glück die gefährliche Zeit überlebt. Irgendwann muß jemand mit einer Blechschere den Rändern der Apostelmedaillons zu Leibe gerückt sein, Lötstellen waren beschädigt, feine Befestigungsschrauben waren unsachgemäß ersetzt worden, Gliedmaßen waren verbogen. Aber was war das schon, gemessen an einem durchaus möglichen Totalverlust? Heute kann der Schatz besichtigt werden – aber nur nach Voranmeldung im Pfarrhaus – und das ist gut so.

Je komplizierter die Handhabung der Technik beim Filmen, desto größer ist die Gefahr, die wirkliche Qualität des Sujets aus den Augen zu verlieren. Da ist es schon eine große Hilfe, wenn der Gegenstand der Bemühungen so schön ist, daß er auch noch am dritten, überlangen Arbeitstag zu fesseln vermag. Unsere Aufgabe war, die Köpfe von Aposteln, die über das Stadium des Reliefs vollplastisch silbernen Tableaus entwachsen, ins Bild zu setzen. Dazu kamen die Silberplastiken der vier Kirchenväter. Alles Teile des sogenannten Kißlegger Silberschatzes. Das ganze alarmgesichert in verschlossenen Vitrinen auf einer Seitenempore der Kirche. Die Möglichkeit, diese Stücke auf einem Drehteller zu bewegen, bestand also nicht. So blieb nur, auf engstem Raum krumme Schienen zu legen und die etwa faustgroßen Köpfe der Apostel mit der Kamera im Halbkreis zu umfahren; auf den Zentimeter genau und wegen der Spiegelung im Glas mit schwarz verhülltem Kameramann.

Was wir da vor uns hatten, zählt – obwohl in der internationalen Kunstgeschichte kaum beachtet – zum Schönsten, was die Kunst der Gold- und Silberschmiede in Europa geschaffen hat. Die handwerkliche Leistung ist makellos, sowohl was die Treibarbeit als auch den Feinguß etwa der Hände und Gesichter angeht. Aber das ist eben „nur" Handwerk.

Die „Größe" des Ensembles besteht in dem Menschenbild, das da vermittelt wird. Da ist Schönheit, Würde, mystische Entrücktheit oder packende Präsenz. All das aber ohne übertriebenes Pathos. Auch der große Christus als Salvator Mundi und die Madonna als Mater Salvatoris strahlen eine, die Jahrhunderte überbrückende Festigkeit und Glaubwürdigkeit aus.

Kißlegg. Silberschatz: Apostel

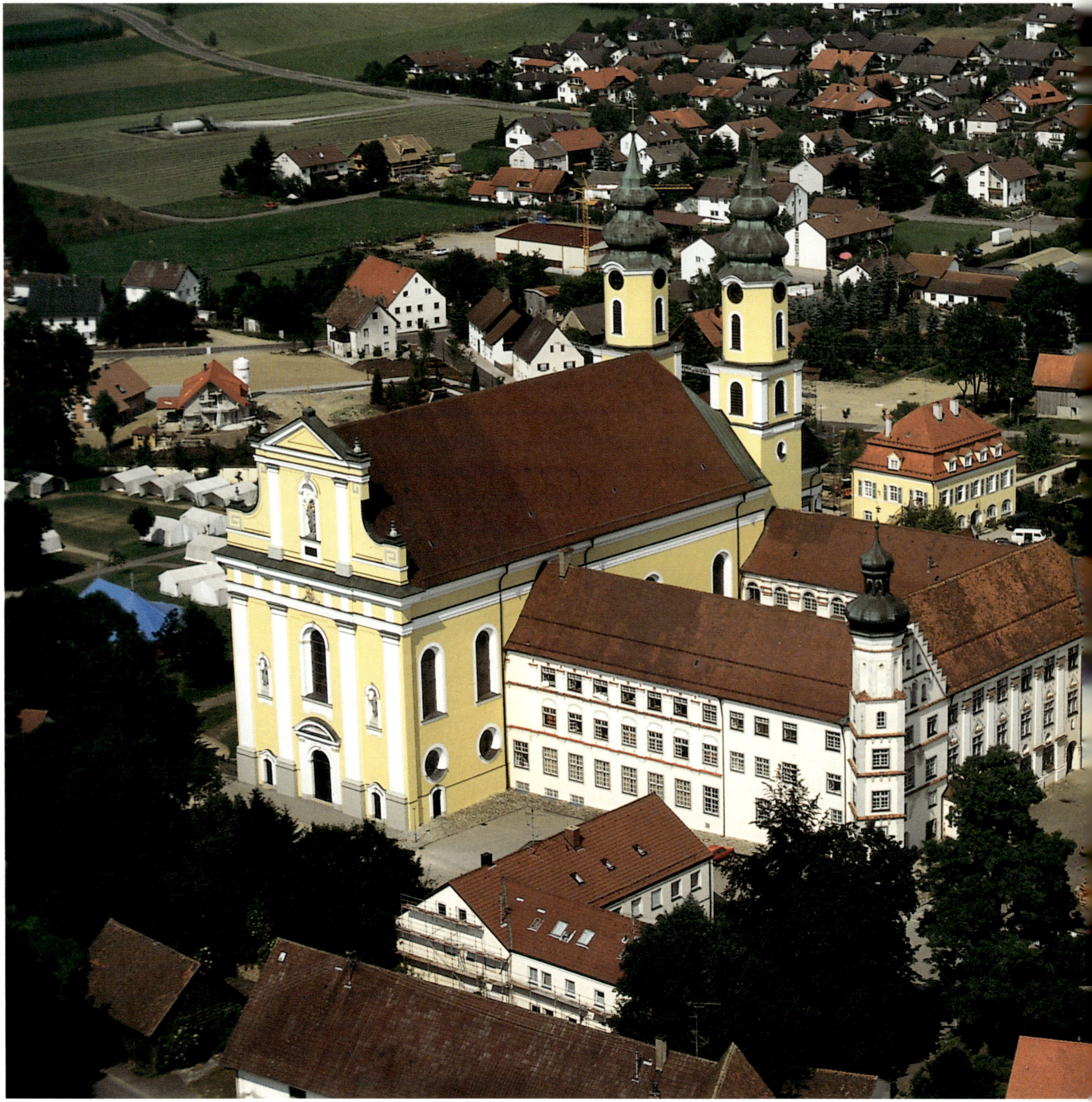

Das Prämonstratenserstift in Rot an der Rot wurde der Sage nach im Jahre 1126 vom Ordensstifter Norbert von Xanten persönlich gegründet und erreichte schon 1179 Reichsunmittelbarkeit. In den darauffolgenden Jahren gelangte es zu immer größerer Macht und beaufsichtigte einige Tochterklöster, darunter das von uns schon besuchte Kloster Obermarchtal. Die Vorgängerbauten der ehemaligen Klosterkirche gehen bis ins Mittelalter zurück. Von ihnen ist außer den beiden frühbarocken östlichen Türmen nichts mehr erhalten, da Abt Mauritius 1777 das gesamte alte Kirchenschiff zugunsten eines Neubaus abreißen ließ. Abt Mauritius Moritz aus Biberach regierte den Roter Konvent von 1760 bis 1782. Er muß ein energiestrotzender Mann gewesen sein. Auf ihn trifft sicher das Wort „Baulust" zu, das den Herrschern in dieser Zeit so gern zugeordnet wird. Im Konvent war er mit seinen Neubauplänen in der Minderheit, doch stellte er die widerstrebende Mehrheit vor vollendete Tatsachen, als er mit dem Abriß des alten Gotteshauses begann. Sein Nachfolger Willebold Held aus Erolzheim, dem Rot von 1782 bis 1789 unterstand, mußte widerwillig die hochfliegenden Pläne seines Vorgängers übernehmen und zu Ende führen. Am 28. Oktober 1784 konnte er die neue Kirche zur Heiligen Verena benedizieren. Die restlichen Bauarbeiten umfaßten die Innenausstattung und wurden zwei Jahre später beendet.

Ein Architekt, der den Bau der Kirche entworfen und geleitet hätte, ist nicht nachweisbar. Die Roter Prämonstratenser sparten sich offensichtlich das Honorar für einen oder mehrere Baumeister und besorgten sich stattdessen Grundrisse einfacher, aber bewährter Bauten wie der Kirche von Obermarchtal, Hofen (dem heutigen Friedrichshafen) oder Irsee. Dabei wurde das Grundschema der Vorarlberger Bauschule wieder aufgenommen. Außerdem studierte man alle berühmten literarischen Werke über die Baukunst. Als Bauinspektor fungierte der „hauseigene" Amateurbaumeister Pater Siard Frick. Der Abt, der Kellermeister und der Küchenmeister des Konvents bildeten eine Baukommission.

Die Zwiebeln der Türme und Türmchen springen als erstes ins Auge. Sie haben der Klosteranlage von Rot an der Rot im Volksmund den Ehrentitel „Oberschwäbischer Kreml" verschafft. Des weiteren fällt auf, daß der Komplex des Konventsgebäudes mitsamt der Kirche keine so monumentale Geschlossenheit aufweist wie etwa Marchtal, Ochsenhausen oder gar Weingarten. Hier ist alles kleinteiliger. Erst die danebenliegenden Tor- und Wirtschaftsgebäude machen aus dem ganzen die übliche Klosterstadt, eine Residenz, die Mittelpunkt einer Gemeinschaft von respektabler Größe war. Die Fassaden der Kirche sind erstaunlich schlicht, die Giebelfassade der Westfront gliedert sich sehr streng durch vier Pilaster und unterscheidet sich in ihrer betonten Flächigkeit von der reich schwingenden Fassade der Roter Wallfahrtskirche in Maria Steinbach.

Keines der oberschwäbischen Klöster ist in seinen Bausteinen so bunt zusammengewürfelt wie Rot an der Rot. Herausragend die Kirche St. Verena, der letzte der großen Sakralbauten des 18. Jahrhunderts im Oberland. Die vielen Türmchen führten zur volkstümlichen Bezeichnung „Kreml von Oberschwaben".

Rot an der Rot ist auf unserer Reise sicher der angemessene Ort, einige Worte über die Prämonstratenser einzuflechten. Wir sind den Männern in den weißen Kutten ja schon in Marchtal und in Schussenried begegnet, wir hätten auch ihr ehemaliges Kloster in Weißenau bei Ravensburg besuchen können. Alle diese Abteien gehörten zur „erhabenen Zirkarie Schwaben" – so nannten die Chorherrn selbst gern ihren Organisationsbezirk des Ordens. Es gab sieben solcher Zirkarien in Mitteleuropa. Mutterklöster der schwäbischen Prämonstratenser waren Ursberg (südöstlich von Ulm) und Rot. Ihre Gründung in den Jahren 1125 und 1126 soll noch vom Ordensgründer selbst, dem Heiligen Norbert von Xanten angeregt worden sein. Das Mutter-Tochter-Verhältnis entsprach dem zentralistischen Aufbau des Ordens, dessen Stammkloster in Premontré während der französischen Revolution aufgelöst worden ist.

Mutterkloster bedeutete, daß – trotz der überwiegend freundschaftlichen Beziehung der Häuser untereinander – sein Abt das Visitationsrecht ausübte und damit eine Instanz in Fragen der Disziplin war. Der Fall des unglücklichen Bauherrn von Steinhausen liefert dafür ein beredtes Beispiel. Angesichts dieser Rolle von Rot an der Rot mutet es beinahe als Ironie der Geschichte an, daß diese Abtei es als allerletzte schaffte, zu einem repräsentativen Kirchenbau nach dem Geschmack der Zeit zu kommen.

Die Grundlagen des Ordens der Prämonstratenser kann man nur als sehr idealistisch und auf das Allgemeinwohl ausgerichtet bezeichnen. Die öffentliche Seelsorge spielt eine Hauptrolle, die Regeln folgen nicht dem benediktinischen, sondern dem augustinischen Vorbild. Der Ordensgründer Norbert war eine jener großen „Aussteigergestalten", die die Reform des Ordenswesens im Hochmittelalter nicht nur forderten, sondern selbst damit ernst machten. Seiner Herkunft und Erziehung nach hätte er eigentlich eine glänzende Karriere als Diplomat machen müssen. Einmal hat er einen Bischofsstuhl abgelehnt (Cambrai), ein zweites Mal hat er diese Würde nach der Gründung des Ordens angenommen. Aber er hat seine Residenz Magdeburg mit bloßen Füßen betreten, „um allen deutlich zu machen, an wem man ihn und seine Amtsführung zu messen habe".

Gemessen daran ist es schon tragisch, daß auch die Prämonstratenser durch Reichtum und weltliche Macht korrumpiert wurden. Gerade in Rot gab es zahlreiche Fälle der Auflehnung und Revolte unterdrückter und ausgebeuteter Untertanen, die sich vom 15. bis in das 17. Jahrhundert hinzogen. Dabei spielten die immer wiederkehrenden Ansätze der Äbte, Erb-Lehen in wesentlich schlechter gestellte Fall-Lehen zu verwandeln, eine gewichtige Rolle.

Der Blick von der Orgelempore ins Kirchenschiff von St. Verena läßt erkennen, daß nun auch in Oberschwaben der Barock Vergangenheit ist.

Der Innenraum des Gotteshauses kündigt noch entschiedener als die Fassade das Ende des Barock an. Da herrscht die französisch inspirierte Klarheit des Klassizismus. Ausstattung und Architektur sind deutlich voneinander abgehoben, keine der Künste will die andere übertrumpfen. Eine einheitliche Raumwirkung ist hier erreicht worden. Kurzum, dies ist die letzte große Kirche, die in Oberschwaben im 18. Jahrhundert gebaut worden ist.

Im Chorgestühl von Rot an der Rot begegnen wir noch einmal dem Holzbildhauer Andreas Etschmann, dessen Gesichter der Völker der Welt wir in Obermarchtal bewundert haben. In Rot hat Etschmann 1692 geheiratet. Er war zu diesem Zeitpunkt knapp 30 Jahre alt. Auch seine ersten drei Kinder wurden in Rot getauft. Mit großer Sicherheit ist Etschmann aber nicht der alleinige Meister des Roter Chorgestühls. Ignaz Waibel, der zusammen mit Etschmann bei dem Tiroler Meister Jakob Auer eine Lehre gemacht hatte, war mit von der Partie. Die beiden hatten zuvor schon am Gestühl von Buxheim, gar nicht weit von Rot entfernt, gearbeitet. Wahrscheinlich haben auch zwei Gesellen Etschmanns, Johannes Forster und Michael Schuster, mitgearbeitet.

Viele der weit über hundert Köpfe in den Sitzwangen und Nischen des Gestühls erinnern an das, was wir in Marchtal gesehen haben. Eine Besonderheit sind in Rot die filigran geschnitzten Figuren von Ordensgründern, bedeutenden Glaubenslehrern und Verteidigern der Religion in den Nischen über den Sitzen. An einigen Stellen tauchen schon Köpfe exotischer Völker auf, ein Thema, das Meister Etschmann noch völlig in seinen Bann schlagen sollte. Leider befinden sich etliche der Figuren des Gestühls von Rot in einem beklagenswerten Zustand, abgebrochene Gliedmaßen zeugen von Roheit und Unachtsamkeit mancher Besucher.

Die Heiligen können wir nur nach ihren Attributen identifizieren. Auch dann wird dies nicht immer eindeutig sein. So kann die Himmelsleiter auf den heiligen Romuald, den Begründer der Kamaldulenser, hindeuten, der eine Vision der Himmelsleiter hatte, aber auch auf Johannes Climacus, den Abt auf Sinai, der ein Buch über die Himmelsleiter geschrieben hat.

So klassisch klar Zick die Szene von Christus im Tempel ausarbeitet, so raffiniert theatralisch ist das Konzept des riesigen Freskos.

Das auffälligste Einzelkunstwerk der Kirche von Rot ist ein Deckenfresko, das den jungen Jesus bei den Schriftgelehrten im Tempel zeigt. Der Künstler Januarius Zick erweist sich hier als Meister aller Mittel der großen Historienmalerei. Kompositorisch mag er sich an Raffaels Fresko der Disputá in den Stanzen des Vatikans orientiert haben, das die Präsentation der verschiedenen Richtungen der antiken Philosophie und naturwissenschaftlichen Errungenschaften beinhaltet. Hatte Raffael Platon mit erhobenem Zeigefinger als Verweis auf dessen Ideenlehre neben Aristoteles in die Bildmitte gestellt, so nimmt diesen Platz bei Zick Jesus ein – auch er mit erhobenem Zeigefinger. Raffaels überschneidende Architekturfluchten reduzierte und vereinfachte Zick in seinem Fresko zugunsten einer Scheinkuppel, die das Geschehen im Tempel krönt. Er verteilte die Hörerschaft Jesu wie bei seinem Vorbild auf die Treppenstufen und vereinte die Schriftgelehrten in einzelnen, diskutierenden Gruppen. Optisch baute er eine riesige Bühne auf, arbeitete mit raffinierten Perspektiven, aber er war – typisch für das Empire – nicht bereit, für illusionäre Effekte das Grundprinzip der klaren Linien zu opfern. Geradezu herzerfrischend ist der Humor, mit dem Zick die besserwisserischen Schriftgelehrten karikiert.

Der junge Jesus im Tempel ist die überlegene Ruhe persönlich, das strahlt Autorität und Glaubwürdigkeit aus.

92

Wir sind beeindruckt von der Leichtigkeit und Freundlichkeit dieser Umgebung. Was tun, um das im Film zu vermitteln? Wir entschließen uns, über die gesamte Orgelempore eine Schiene zu legen. Darauf soll die Kamera eine Querfahrt zum Kirchenschiff machen, den Hauptaltar immer in der Bildmitte. Das Tempo der Fahrt muß ganz langsam sein, der Raum sollte „schweben". So klar die Linien dieser Architektur sind, so holprig ist der ausgetretene Holzboden der Empore. Ein Glück, daß der Mesner hauptberuflich Sägewerker ist. Wir holen Abfallholz, um unsere Schienen säuberlich nach der Wasserwaage zu unterlegen. Wieder einmal ist es so, daß einen die vielen Arbeitsstunden in dieser Umgebung ins Grübeln bringen. Kann das wirklich sein, daß dieses Gotteshaus ohne Architekt gebaut wurde? Und wie ist es hier zugegangen, als der Abt durch seine ungeduldigen Neubaupläne die Hälfte des Konvents gegen sich aufgebracht hat? Wie war das, als die Befürworter des Kirchenbaus ihren gegnerischen Mitbrüdern in einer Nacht- und Nebelaktion das Dach über dem alten Chor abgebrochen haben? Welches Entsetzen muß am 9. Juni 1784 geherrscht haben, als man die Schalungen offenbar zu früh entfernte und das herabstürzende Gewölbe sechs Arbeiter erschlug? Aber nichts kündet mehr davon. Kein Bild, keine Gedenktafel. Haben diese Bauleute einfach in „Gottes Hand" gelebt und damit basta? Und wie war dem Freskenmaler Januarius Zick zumute, als er 1784 hoch oben auf den Gerüsten unter diesem Gewölbe arbeitete? Zick war damals mit 54 Jahren nicht mehr der Jüngste. Aber seine Arbeit strahlt philosophische Festigkeit, eine heitere Grundstimmung und höchstes handwerkliches Können aus.

Die Schriftgelehrten fuchteln und gestikulieren; wer würde schon so einem auch nur ein Wort glauben.

Zick bringt es fertig, die Geste des Vogelzeigens in die sakrale Malerei einzuführen.

Kaum zu glauben, aber wahr: für eine der schönsten Kirchenfassaden des oberschwäbischen Barock kann kein Architekt benannt werden. Maria Steinbach hat bis heute nicht von seiner Anziehungskraft als Wallfahrtskirche eingebüßt.

Der Sommer ist dahin, darüber kann auch das schöne Septemberwetter nicht hinwegtäuschen. In den Höhenlagen des Allgäus deuten sich zaghaft die neuen Farben des Laubs an. Die Luft wird klar, jetzt sollte man am besten wandern – wir sind unterwegs zu einer Wallfahrt. Bis zum Ende der Klosterherrschaften gehörte Maria Steinbach zum Gebiet der Prämonstratenser Reichsabtei Rot an der Rot und zwar mehr als 600 Jahre lang. Was bedeuten dagegen schon 200 Jahre bayrischer Regierung? Viel und wenig zugleich. Viel, weil sich die Welt so sehr verändert hat und wenig, weil in Maria Steinbach an der Iller so vieles beim Alten geblieben ist. Die mächtigen Äbte sind unwiderruflich Vergangenheit, die Sorgen und Nöte, die Hoffnung und der Glaube, vor allem der kleinen Leute, sind an diesem Ort so präsent, daß man meint, sie mit Händen greifen zu können.

Der spätgotische Vorgängerbau der Kirche von Maria Steinbach entstammt dem Beginn des 16. Jahrhunderts und machte 1746 dem Neubau der heutigen Wallfahrtskirche St. Ulrich Platz, die innerhalb von sieben Jahren vollendet wurde. Die Fassade besticht durch ihre schlanke Gestalt und ihre schwingenden, abwechselnd konkaven und konvexen Linien. Pilaster gliedern die Front und weisen zu dem hohen Haubenturm, der den ganzen Ort überragt. So schön diese Kirche ist, die Frage nach dem Baumeister konnte bis heute nicht geklärt werden. Jedenfalls wird keiner in den vorhandenen Teilrechnungen genannt. Der regierende Abt von Rot, Ignatius Vetter, ließ wohl Pläne von mehreren Meistern entwerfen und stellte dann selbst zusammen, was ihm gefiel. Diese Vorgehensweise erscheint uns heute ein wenig der des Abts Sebastian Hyller in Weingarten verwandt. Der übernächste Roter Abt ging beim Neubau seiner Abteikirche noch einen Schritt weiter und verzichtete von vornherein auf einen Architekten.

Betritt man den Innenraum der Kirche, so befindet sich gleich neben dem Hauptportal unter der Orgelempore eine Nische mit der Figur Christi auf dem Ölberg. Ein Engel faßt ihr hilfreich unter die Arme. Die Gruppe wird von Kunsthistorikern der Bildhauerfamilie Hegenauer zugeordnet, aber das ist nicht so wichtig. Davor steht ein gewöhnliches Stück Lattenzaun. Darauf hängt eine Wolke von Zettelchen mit den Bitten von Menschen, für einige dürfte dies die letzte Station ihrer Hoffnungen sein.

Wir heben unsere Blicke und sehen die gemalten Nöte der kleinen Leute: an den Wänden um den Eingangsbereich hängt dicht an dicht eine der schönsten Sammlungen von Votivbildern, die es gibt. Sie wurden von denjenigen dargebracht, deren Bitten erhört oder deren Krankheiten geheilt worden waren. Darauf wurde in der Regel die Ursache der Wallfahrt, der Stifter selbst und das angerufene Gnadenbild der schmerzhaften Muttergottes dargestellt.

Beim Betrachten der Votivbilder wird das wirklich Faszinierende erst aus der Nähe deutlich: in Maria Steinbach lebt diese Tradition noch!

Neben dem Unglück mit Roß und Wagen im 18. Jahrhundert findet sich hier der noch einmal glimpflich ausgegangene, winterliche Autounfall; neben den alten Darstellungen jener Krankheiten, bei denen nur noch beten half, weil niemand sie richtig diagnostizieren, geschweige denn heilen konnte, steht das Votivbild der Gegenwart, das in naiver Malerei eine Krankenhausszene zeigt. Das kann nur jemand gestiftet haben, der in einer modernen Klinik die Erfahrung gemacht hat, daß jetzt nur noch beten hilft.

Die meisten Votivtafeln sind auch für heute lebende Menschen gut lesbar, wenn sie nicht jeden Kontakt zum Landleben verloren haben. Es geht um die Gesundheit von Mensch und Tier, um Unwetter und die vielen Unfälle auf den Straßen und beim Holzhauen, um Brände und die Gefahr des Ertrinkens in reißenden Bächen.

Es wurde schon mehrfach angesprochen, wie selten sich im Barock die professionellen Künstler um ein ungeschöntes Bild der kleinen Leute und ihrer Nöte bemühten. In Maria Steinbach gab Franz Georg Hermann, derselbe, der auch die Bibliothek in Schussenried ausgemalt hat, eines dieser ganz seltenen Beispiele. Auf die Untersichten der Emporengewölbe malte er „Votivfresken". Alles Darstellungen verbürgter Notlagen, in denen die Muttergottes von Maria Steinbach geholfen haben soll. Die Bilder fesseln durch ihre Lebensnähe, ja sie haben sogar einen gewissen Zug von Bildreportage. Der Brand, bei dem in dramatischer Aktion das Vieh doch noch gerettet werden konnte, der Unfall beim Baumfällen, der haarstäubend aussieht und dennoch glimpflich ausging; und nicht zuletzt die Rettung einer Wallfahrerin bei einer Sturmkatastrophe auf dem Bodensee. Die Absicht der Bilder ist klar: In jedem tritt die wundertätige Muttergottes von Steinbach auf, genauso wie in den Votivtafeln der naiven Maler. Alles dient der Glaubwürdigkeit des Gnadenbildes, die sichtbaren Beispiele der Hilfe in der Not sollen Hoffnung machen und die Glaubensbereitschaft fördern.

Maria Steinbach.
Votivtafeln

Der gerade noch einmal glimpflich abgelaufene, winterliche Autounfall: eine Votivtafel aus unseren Tagen.

Die inzwischen berühmte, mehrdeutige Votivtafel mit dem Motiv der Festnahme.

Diese einzigartige Gegenüberstellung von professionell gemalten Votivfresken und naiv gemalten Votivtafeln ist nur in Maria Steinbach möglich und lohnt allein schon die Reise.

Aus der Reihe fallen zwei Bilder, die wirkliche Raritäten sind: ein von Franzosen umstelltes Haus und offensichtlich eine Verhaftungsszene, die aber unterschiedlich gedeutet werden könnte.

Die Kriegsszene ist plausibel, die französischen (Revolutions-) Soldaten waren zwar vor Ort, haben aber durch wunderbare Fügung das Gehöft verschont.

Die Verhaftung wird allgemein als die Rettung aus der Hand von Räubern angesehen. Demnach wäre der Mann in der Mitte das Opfer, das von zwei Räubern gepackt wird, und der uniformierte Reiter der rettende Arm des Gesetzes. Warum aber sind „Opfer" und „Räuber" einander so ähnlich

Das Schiffsunglück auf dem Bodensee, das Franz Georg Hermann da malte, ist aktenkundig. Betroffen war eine Gruppe von Wallfahrern aus Steinbach, die nach Einsiedeln in der Schweiz gereist war.

Franzosen haben das Gehöft umstellt, verschonen es aber: Die Muttergottes von Steinbach hat wieder einmal geholfen.

und vor allem durchaus ordentlich gekleidet? Könnte es sein, daß dies die Verhaftung eines Deserteurs oder eines entlaufenen Leibeigenen war, dessen Schicksal sich durch Hilfe „von oben" noch einmal zum guten wendete und der dafür die Tafel stiftete? Gute und spannende Bilder erkennt man eben auch daran, daß sie unsere Vorstellungskraft fördern.

Ähnlich wie in Steinhausen gilt auch in Maria Steinbach der gesamte Bau einer großen barocken Wallfahrtskirche dem wundertätigen Marienbild.

Das Marienbild aus dem ersten Viertel des 17. Jahrhunderts kommt aus den Beständen der Prämonstratenser Reichsabtei Rot an der Rot. Deren Abt Hermann Vogler (der in Schussenried die Visitation gegen Didakus Ströbele geleitet hat), schenkte das kostbare Stück der spätgotischen Kirche von Steinbach, nachdem er zuvor schon einen Kreuzpartikel dorthin gegeben hatte, um eine Wallfahrt anzuregen. Am 2. Juni 1730 stellten Gläubige plötzlich eine „Augenwende" der Marienfigur fest. Die Augenlider öffneten und schlossen sich, die Gesichtsfarbe wechselte von weiß auf tiefrot, Tränen traten aus den Augen. Dazu soll die Kirche in den Herbstnächten des Jahres 1730 hell erleuchtet gewesen sein. Es folgten allerlei strenge Untersuchungen, die aber letztlich mit einer offiziellen Anerkennung des Wunders durch den Bischof von Konstanz, Johann Franz von Stauffenberg, endeten. Am 13. Juni 1734 wurde Steinbach feierlich zum Marienwallfahrtsort erhoben, es sollen zwischen 20 000 und 30 000 Festgäste dagewesen sein!

Sie ist das geistliche Zentrum der Wallfahrtskirche: die schmerzhafte Muttergottes von Maria Steinbach. Noch immer hoffen Menschen auf ihre Wundertätigkeit.

Wir filmen die Steinbacher Veteranenwallfahrt. Sie ist noch immer eine der am stärksten besuchten Wallfahrten im Allgäu und in Oberschwaben, obwohl die Zahl der Überlebenden der beiden Weltkriege immer kleiner wird. Wenn Pater Ulrich, der Pfarrer und gute Geist von Maria Steinbach, etwa in der Mitte des Gottesdienstes Namen und Heimatort der „Heimgegangenen" verliest, könnte man in der riesigen Kirche die bewußte Stecknadel fallen hören. Und die Gesichter der alten Männer im Sonntagsstaat sprechen Bände. Noch ist es so, daß nicht alle auf den Bänken im Kirchenschiff und auf den Emporen Platz finden. Es müssen ganze Stapel von Klappstühlen in die Zwischengänge gestellt werden.

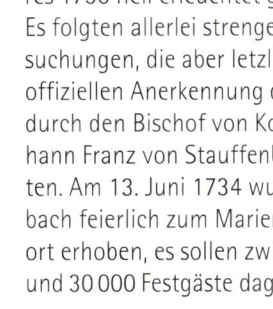

Spätestens seit Rot an der Rot bewegen wir uns, ungeachtet der vagen Grenzen, nicht mehr im Allgäu. Die Alpen sind in weite Ferne gerückt, die Hügel sind langgezogener und flacher, es sieht wieder genauso aus, wie man sich eben Oberschwaben vorzustellen hat. Wir fahren durch die große Allee von Ochsenhausen. Das tief verfärbte Laub ist schon ein wenig schütter, das Licht hat auch zur Mittagszeit einen fahlen Glanz. Die Annäherung an die Abtei von dieser Seite läßt nichts von ihrer wirklichen Größe erahnen. Also heißt es: Standpunkt suchen. Nach einer Weile finden wir einen schmalen Durchgang zwischen zwei Einfamilienhäusern mit freiem Blick über die Dächer des Volks, und darüber thront, unversehrt durch Betonquader, der „dem Sternenheer verwandte Steinkoloß". So hat der letzte Benediktiner von Ochsenhausen, Pater Georg Geisenhof in einem traurigen Abschiedsgedicht die von den Mönchen verlassene Abtei genannt. Aber auch dieser schöne Blick kann nur einen Ausschnitt vermitteln.

Die Reichsabtei Ochsenhausen: Nur vom Himmel her tut sich dem Auge die ganze Pracht auf. Es ist wahrhaftig eine kleine Stadt, die da auf dem Hügel steht. Ein Ensemble aus Bauten unterschiedlichster Epochen. Und erst bei näherem Hinsehen werden wir gewahr, daß diese Fülle von Architektur im Grunde keine barocken Wurzeln hat. Ochsenhausen ist das Meisterstück der Kunst des Barockisierens. Hier wurde viel mehr umgebaut und ergänzt als abgerissen und völlig neu konzipiert. Das Ergebnis ist einfach erfreulich, weil der älteren Kunst durchaus ihr Recht, ihre Schönheit und Würde gelassen wurde. Erstaunliche Spannung entsteht aus der Stellung der einzelnen Baukörper zueinander. Immer wieder wird der rechte Winkel in den Grundrissen verlassen. Am raffiniertesten geschieht das auf dem schönen äußeren Klosterhof, wo die Fassaden von Kirche, Prälatur und Pächtergebäude zusammen mit dem Turm ein köstliches Spiel der Überschneidungen vollführen, sobald man sich mit offenen Augen auf dem Platz bewegt.

Stille Kunstbetrachtung ist in Ochsenhausen nicht immer und zu allen Tageszeiten möglich. Der Grund dafür ist mehr als erfreulich: der alte, herrlich renovierte Komplex ist vom quirligen Leben junger Menschen erfüllt. Das Land Baden-Württemberg hat hier seine Jugendmusikakademie eingerichtet. Lange Reihen von Mönchszellen sind in Nachtquartiere für die jungen Musiker umgebaut worden. Das Refektorium dient wieder als Speisesaal, aus der Bibliothek wurde ein Konzertsaal. Als wir zum Drehen da sind, erklingt dort ein Klaviertrio von Brahms, so schön, daß man am liebsten eine Schallplatte davon nach Hause tragen würde. Die Ausführenden sind Schüler im Alter von 13 bis 15 Jahren. Wir vermuten einfach mal, so müßten sie sein, die künftigen Bundessieger von „Jugend musiziert".

Die Bibliothek ist ein klassizistischer Raum von kühler Schönheit. An ihre ursprüngliche Funktion erinnern nur noch die Regale an den Wänden und auf der Galerie. Und diese Regale sind leer. Hier sind die bitteren Folgen der Säkularisation nicht durch mit Bücherrücken bemalte Schranktüren kaschiert wie in Schussenried. Hier ist augenfällig, wie die Schätze der Mönchsgelehrsamkeit geplündert worden sind. Und es waren hochgeborene Plünderer: Ochsenhausen fiel an den Reichsgrafen Franz Georg von Metternich-Winneburg, den der Kaiser im Jahr des Reichsdeputationshauptschlusses, am 30. Juni 1803, in den Fürstenstand erhoben hatte. Sein Sohn, Clemens Wenzel, wurde weltberühmt als österreichischer Staatskanzler, als der große Lenker des Wiener Kongresses und Schöpfer eines gnadenlosen, reaktionären Regimes in der sognannten Vormärzzeit des Österreichischen Kaiserreiches. Ausgerechnet dieser Mann, einer der Pioniere des modernen Spitzelwesens und der Pressezensur, erbte eine Bibliothek von solchem Rang. Das Kloster und seine Besitzungen hat er an Württemberg verkauft, die wertvollsten Drucke und Handschriften aber ließ er auf sein böhmisches Schloß Königswart bei Marienbad schaffen.

Der äußere Klosterhof in nächtlicher Stille. Meister Wiedemann hat ihm ein italienisches Flair gegeben.

99

Für den neuen Glanz des alten Quadranten haben Behinderte die Handarbeit geleistet: das Berufsbildungswerk des Bezirkes Oberbayern in München hat die noch vorhandenen Teile restauriert und Fehlendes nach alten Plänen neu gefertigt.

Eine Besonderheit Ochsenhausens, die kein Besucher versäumen sollte, hat mit sakraler Kunst nicht unmittelbar zu tun:

In dem südöstlichen Eckturm des Konventsgebäudes befindet sich eine Sternwarte. Ihr Herzstück ist ein imposanter Azimutalquadrant aus Messing, ein Viertelkreisbogen mit Fernrohr für astronomische Winkelmessungen. Das Gerät füllt das enge Turmzimmer völlig aus, es ist genauso wie das Dach des Turms um 360 Grad drehbar. Im Dach kann für das Fernrohr eine Luke aufgeklappt werden. Alles ist aufs beste renoviert, rekonstruiert und funktionstüchtig.

Eingerichtet wurde die Sternwarte unter der Regentschaft des letzten Ochsenhausener Abts Romuald Weltin (1767-1803). Dazu gibt es eine herrliche Beschreibung in der „Kurzen Geschichte des vormaligen Reichsstifts Ochsenhausen in Schwaben" von dem schon genannten letzten Überlebenden des Konvents, Georg Geisenhof:

„Um dem verderblichsten aller Laster, dem Müßiggange zu wehren, und besonders junge Geistliche in Erholungsstunden angenehm und nützlich zu beschäftigen, ließ er (Abt Weltin) allen einen gründlichen Unterricht in der Mathese, Geometrie und Physik, und mehreren auch in der Astronomie geben, und durch unsern gelehrten Astronomen und Mechanikus Basilius Perger ein Observatorium einrichten, das jenem auf dem Sehberge zu Gotha in Sachsen in keinem Stücke nachsteht, ja vielmehr den Vorzug streitig macht. Man muß beide gesehen haben, wie der Schreiber Dieses, um den Werth dieses Meisterwerks bestimmen zu können. Der physikalische Apparat hat unter Romualds Regierung bedeutend gewonnen. Es brauchte mehr nicht, als den Wunsch laut werden zu lassen, und er wurde erfüllt, wenn es die Vervollständigung des physikalischen und astronomischen Apparats, oder die Bibliothek betraf."

Dann folgt eine detaillierte Schilderung der Erweiterung des Bibliotheksbestandes und der Hinweis, daß alle Monate mit den jungen Klerikern gelehrte Disputationen abgehalten wurden, an denen sich der Abt selbst mit großer Begeisterung beteiligte. Die fleißigsten Studenten pflegte er mit wertvollen Büchern zu beschenken. Sowas kann man schon ein reges Kulturleben nennen, und es wird deutlich, daß da mit der Säkularisation mehr beseitigt wurde als überlebte Besitzstrukturen.

Die Trauer über dieses Ende hat niemand schöner und mehr zu Herzen gehend bedichtet, als eben jener Pater Geisenhof:

Du liegst nun da umhüllt mit stiller Trauer
Und Einsamkeit, du Gott geweihter Bau!
Zwar itzt noch schön, doch mit der Zeiten Dauer
Durchspielt von Winden und bemoost und grau,
Du glänzest noch in deinem Abendschimmer,
Dem Sternenheer verwandter Steinkoloß!
Und in der Zukunft, wenn auch deine Trümmer
Zum Sturz sich neigen, noch im Falle groß.
Die Andacht baute dich auf stolze Höhen,
Und um sich ganz der Frömmigkeit zu wei'hn,
Gelobte man aus dieser Welt zu gehen,
Schloß sich in deine hohen Mauern ein.
Bei Tag und Nacht ertönte von Gesängen
Die Kirche, vom Gebeth' der Marmorsaal,
Und in den hochgewölbten langen Gängen
Verlor sich wiederhallend der Choral.
Doch itzt ist alles stille und verlassen,
Bald wird die mächtige Zerstörerin –
Die Zeit – den herrlichen Palast umfassen,
Zerbrechen, und verwandeln in Ruin.
Dann mag der späte Enkel hier erfahren,
Wer da gewirkt, und was mit dir gescheh'n;
Was manche Klöster einst der Menschheit waren,
Die leider itzt, wie du, verödet steh'n.

Ein Fenster zum Kosmos: die Sternwarte des Benediktiners Basilius Perger.

Es wäre schön, dieses Gedicht, genauso wie die „Thränen des Vaterlandes" von Andreas Gryphius, auf die Reise entlang der Oberschwäbischen Barockstraße mitzunehmen. Daß wir dabei soviel große Kunst erleben dürfen, ist vor allem dem Denkmalschutz zu verdanken. Er hat dafür gesorgt, daß die Steuerkraft unserer modernen Industriegesellschaft auch dafür verwendet wurde, daß die Zeit die herrlichen Paläste eben doch nicht zerbrechen und in Ruin verwandeln konnte. Um nur einmal ein Beispiel zu geben: Für die etwa 20jährigen Restaurierungsarbeiten an der ehemaligen Reichsabtei Ochsenhausen haben die katholische Kirche und das Land Baden-Württemberg über 28 Millionen Mark ausgegeben. Wir sollten auf jede einzelne Mark stolz sein. In Ochsenhausen gab es kaum einen Baukörper, dessen Zustand nicht beklagenswert war. Das betraf alle vorhandenen Baustile. Die Kirche mit der wundervollen luftigen Schauseite von Christian Wiedemann bedurfte einer Generalsanierung, dabei wurde allerdings auch eine Fußbodentemperierung eingebaut. Die Orgel, jenes erste Werk Joseph Gablers, mußte völlig überholt werden. Die in Geisenhofs Gedicht genannten langen Gänge und so manche große Stuckdecke mußten erst statisch gesichert werden, es galt, verfaulte Holzbalken durch Stahlträger zu ersetzen. Die Sternwarte war zwar im Prinzip vorhanden, aber die Buntmetallteile des Quadranten fehlten. Man kann sich gut vorstellen, daß sie zu Kartuschen für Artilleriemunition gemacht worden sind. Wissenschaftler des Deutschen Museums in München haben die Grundlagen für die Rekonstruktion erarbeitet.

Auf unserer Reise ist es Winter geworden, und wir haben Glück: Die Hänge um das stille Tal der Rot sind weiß. Die Bäume im kleinen Park der ehemaligen Zisterzienserinnen-Reichsabtei Gutenzell tragen schwere Mützen aus nassem Schnee. In Verbindung mit dem schmucken Turm der Kirche könnte man jetzt wunderbare Weihnachtspostkarten fotografieren und unser Kameramann tut das auch. Denn drinnen ist praktisch schon Weihnachten.

Interessant ist, daß die zisterziensischen Frauenklöster zunächst den Bischöfen der jeweiligen Diözesen unterstanden. Im Lauf des 13. Jahrhunderts wurden sie nach und nach den nächstliegenden Männerzisterzen incorporiert. Für Gutenzell war das die Reichsabtei Salmannsweiler, das heutige Salem. Aber nur bis 1752! Dann folgte Kaisheim.

Diesem Wechsel in der „Paternität", der geistlichen und wirtschaftlichen Oberaufsicht über ein Nonnenkloster, ging ein Ränkespiel voraus, das ein grelles Licht auf das Machtbewußtsein großer geistlicher Herrn im Barock wirft: In Salem regierte Abt Anselm II. Schwab, ein Mann von außerordentlichem Selbst- und Sendungsbewußtsein. Schwab war nicht nur Herr seines Klosters, sondern ein Mann von Welt, der auf diplomatischen Reisen im Dienste der Kaiserin Maria Theresia Europa kennengelernt hatte. Einer, der am liebsten in sechsspännigen Kutschen fuhr. Ihm war jedes Mittel recht, die inzwischen wohlhabenden Frauenklöster in seinem Bereich vollends in Griff zu bekommen (Wald, Rottenmünster, Heiligkreuztal, Baindt, Heggbach, Gutenzell, sowie Kalchrain und Feldbach in der Schweiz). Als Hebel diente ihm die Verfügung des Generalkapitels in Citeaux, nach der ein männliches Ordensmitglied die Verwaltung eines Frauenklosters übernehmen müsse, wenn Mißwirtschaft drohe oder gar die Existenzgrundlagen gefährdet seien. Abt Anselm setzte daraufhin nicht nur nach Belieben seine Beamten in die Frauenklöster, sondern ging sogar soweit, die aus Salem stammenden Beichtväter der Nonnen zu Verwaltern der Frauenklöster zu machen! Nach anfänglichen Erfolgen hat er damit zunächst, soweit es das Kloster Wald anging, vor dem Reichskammergericht eine Niederlage erlitten. Daraufhin setzte er seine ganze Autorität in Gutenzell ein und mobilisierte zur Drangsalierung der Nonnen sogar eine Kompanie österreichischer Husaren. Aber die Gutenzellerinnen beugten sich nicht.

So griff Anselm zur diplomatischen List und trat 1752 vor Weihnachten von seiner Paternität zurück, wohl in der Hoffnung, das Generalkapitel werde nun von sich aus die Autoritätsfrage zu seinen Gunsten klären. Citeaux aber machte ihm einen Strich durch die Rechnung und setzte von nun an Kaisheim an die Stelle von Salem über den Konvent von Gutenzell. Die Schriftstellerin Erika Dillmann, der wir im Vagantenkabinett des Tettnanger Montfortschlosses begegnet sind, beschreibt alle diese „Salmansweylischen Zudringlichkeiten" mit großer Lebendigkeit in Ihrer Monographie über Anselm Schwab.

Gutenzell, Zisterzienserinnenkloster

Das Zisterzienserinnenkloster Gutenzell ist in seinen ursprünglichen Ausmaßen nicht mehr erhalten. Die Konventsgebäude wurden im 19. Jahrhundert größtenteils abgerissen. Die einstige Abtei dient heute als Pfarrkirche und ist den griechischen Ärzten und Märtyrern Kosmas und Damian geweiht.

In der denkwürdigen Geschichte der Barockisierung der vormals gotischen Kirche spielt der hochberühmte und zu diesem Zeitpunkt auch schon hochbetagte Meister Dominikus Zimmermann die Hauptrolle. Seine Tochter Maria Francisca trat 1737 in das Kloster ein und Zimmermann erbot sich, anstelle der üblichen Mitgift in Geld die Umgestaltung der Kirche mit seinen Leuten und nach seinen Rissen zu bewerkstelligen. Dabei wären die Nonnen sehr gut weggekommen. Aber immer wieder wurden die Bauarbeiten verschoben, und so zahlte der Meister das „Heyradsguth" von 1000 Gulden in bar. 1752 wollte die Äbtissin Francisca von Gall dann doch mit dem Umbau beginnen, aber nun gab Zimmermann einen Kostenvoranschlag über 2000 Gulden ab. Das war dem Konvent zu teuer, und so wandte man sich an Franz Xaver Feuchtmayer in Augsburg. Zimmermann erfuhr davon natürlich sofort von seiner Tochter und schrieb eine geharnischte Beschwerde an den Abt von Kaisheim: „Ich wollte mich keines Wegs umb dise Arbeith also beeifern, da es nit allein auf Profit, bei welcher ich keinen Kreuzer bei meiner Ehre suechen konnte, ankomete."

Zimmermann setzte in Richtung seiner jüngeren Konkurrenten noch eins drauf: „Undt wenn ich schon alt bin, so getrau ich mir doch noch in meiner Kunst mit einem jeden Jungen zu fechten." Da war er 70. Es kam dann so, daß das Kloster die genialen Pläne des alten Meisters als „Geschenk an die gaistliche Jungfer Tochter" erhielt, nach denen dann Wessobrunner Bauleute arbeiteten. Die Jungfer Tochter aber wurde 1759 Nachfolgerin der Francisca von Gall als Äbtissin. Ludwig Pöllmann schildert den Vorfall in allen Details in der Festschrift zur 750-Jahrfeier der einstigen Frauenzisterze.

Im nördlichen Seitenschiff der Reichsabtei Gutenzell steht eine der größten und schönsten barocken Krippen Deutschlands. Sie ist alljährlich an den Tagen zwischen Heiligabend und Lichtmeß zu sehen. Ungefähr 200 Figuren stellen sieben Bilder der frühen Lebensstationen Jesu Christi dar: die Nacht der Geburt in Bethlehem, die Heilige Familie auf der Flucht, der Kindermord im Auftrag Herodes, die Heilige Familie in der Zimmermannswerkstatt Josefs, Jesu Präsentation im Tempel, die Hochzeit von Kanaa und, als prächtigste aller Szenen, der Auftritt der drei Könige aus dem Morgenland. Die Reihenfolge entspricht der Aufstellung und nicht der Chronologie der Heilsgeschichte, sie folgt einer optischen Dramaturgie, die sich an der Qualität der Figurengruppen orientiert. Die Köpfe und Gliedmaßen der bis zu einem Meter großen Figuren sind aus Holz geschnitzt, das Schönste an ihnen aber sind ihre Kleider aus reich besticktem Brokat. Es fällt selbst in der beißenden Kälte schwer, dieser phantastischen Fülle von Farben, Formen, Glasperlenglanz und feinster Stickerei in Gold und Silber den Rücken zu kehren, um einen wärmeren Ort aufzusuchen.

Im Grunde ist die Krippe das Nebenprodukt einer für die Nonnen viel wichtigeren Kunstfertigkeit: Die Gutenzellerinnen waren im ganzen Deutschen Reich berühmt für ihre Paramentenstickerei. Meßgewänder und Tücher für den liturgischen Gebrauch aus ihren Werkstätten waren hochbegehrt. Diese Art von „Handarbeit" stand in so hohem Ansehen, daß auch die adligen Damen des Konvents zu Nadel, Schere und Goldfaden griffen. In der frühen Barockzeit, gegen Ende des 17. Jahrhunderts, muß sich in Gutenzell die Herstellung von Krippen verselbständigt haben. Es ist überliefert, daß jede Nonne eine kunstvoll gearbeitete Krippe en miniatur in ihrer Zelle hatte. Auch soll das ganze Dorf mit dieser Begeisterung für schöne Krippen angesteckt worden sein. Daß wir die große Gutenzeller Krippe heute so erleben dürfen, hat mit Glück zu tun: zunächst verlief in Gutenzell die Säkularisation nicht so brutal wie anderswo. Reichsgraf Joseph August von Toerring besuchte noch im Jahr 1803 persönlich den Konvent. Für die Besitzübernahme hat er sich bei den Nonnen regelrecht entschuldigt und er bemühte sich, die Klosterfrauen mit ordentlichen Pensionen auszustatten. 1806 hat sich das Blatt gewendet, Gutenzell mußte unter württembergische Herrschaft, nach und nach erlangten die Bauern Freiheit von der Leibeigenschaft, die wirtschaftliche Nutzung des Besitzes muß für das Haus Toerring immer uninteressanter geworden sein. Ab 1864 trieb ein Toerringischer Domänen-Kanzleidirektor namens Lazarus Riederer sein Unwesen und begann mit dem Abbruch der Konventgebäude. Dabei muß vieles drunter und drüber gegangen sein. So hat man am Ende des letzten Jahrhunderts durch Zufall etliche Figuren der großen Krippe im Bauschutt gefunden.

Besonders prächtig sind die orientalischen Potentaten: Der König Herodes, die Hohen Priester bei der Präsentation Jesu im Tempel und selbstverständlich die Heiligen Drei Könige.

Die Kunstfertigkeit der Gutenzeller Nonnen galt nicht nur Krippenfiguren und Meßgewändern, sondern auch den Gebeinen der sogenannten Katakombenheiligen. Diese Skelette oder Skelettteile wurden aus den Katakomben des antiken Rom geholt, wo sich zahllose benannte und anonyme Grabstellen aus frühchristlicher Zeit befinden. Etliche Lebensgeschichten dieser Menschen sind überliefert, um viele ranken sich Legenden, sicher sind Märtyrer der Christenverfolgungen darunter. Wahrscheinlich können wir uns die Intensität der Heiligenverehrung früherer Jahrhunderte gar nicht richtig vorstellen.

Im Barock, dieser auf Repräsentation so erpichten Epoche, kam wohl noch hinzu, daß man mit dem Besitz einer Reliquie nach außen kundtat: Seht her, wir haben ein Unterpfand beglaubigter Heiligkeit in unserer Mitte. Und ein wenig wird dabei schon die Hoffnung mitgeschwungen haben, etwas von dem himmlischen Abglanz auf sich selbst leiten zu können. Die Ankunft der Reliquien an ihren neuen Standorten wurde selbstverständlich mit großen liturgischen Festen gefeiert. Es scheint sich aber in Oberschwaben der Wunsch nach Katakombenheiligen bis zur Sucht gesteigert zu haben; jedenfalls ist von dem Roter Abt Hermann Vogler die mild spottende Bemerkung überliefert, die hiesigen Klöster wären wohl drauf und dran, die römischen Katakomben leer zu kaufen.

Es gibt viele Formen der Präsentation und Fassung der Reliquien. Am beeindruckendsten sind ganze Skelette. Sie wurden reich geschmückt, oft hat man ihnen die Werkzeuge ihrer Marter oder ihres Todes beigegeben. In Gutenzell liegen oder sitzen sie in kostbaren verglasten Schreinen, vor denen wir meist ein wenig fassungslos stehen. Wohl auch, weil wir den Tod vielfach in Kliniken abgeschoben haben und es – ganz anders als die Menschen im Barock – vermeiden, uns im Alltag mit unserer eigenen Sterblichkeit auseinander zu setzen.

In vielen oberschwäbischen Barockkirchen treffen wir diese kostbar geschmückten Reliquien. Die von Gutenzell zählen zu den schönsten.

Der Blick vom Dachtrauf der Wiblinger Kirche kommt einem Geschichtsbuch über die letzten 300 Jahre gleich, man muß es nur zu lesen verstehen. Richtung Donautal, im leichten Dunst das neue Wiblingen: die mächtigen Betonklötze von Ulms größter Schlafstadt. Mehr als 10 000 Menschen wohnen da. Weit davor das Gebiet des ehemaligen Klosterdorfes. Viel ist von den alten ländlichen Fachwerkhäuschen nicht übriggeblieben. Dann kommt, sauber ummauert, der frühere Klostergarten und dann die eigentliche Klostermauer mit einem wunderhübschen Torhäuschen. Sie umschließt zusammen mit Wirtschaftsgebäuden den Klosterhof.

Kaum zu glauben, daß dieser Hof zum Jahreswechsel 1805/06 von Gefechtslärm erfüllt war, daß hier Menschen im Gewehrfeuer starben und Verwundete um Hilfe schrien. Noch viel unglaublicher erscheint uns heute, daß es sich keineswegs um einen jener Franzoseneinfälle handelte, unter denen die Umgebung der Reichsfestung Ulm so sehr hat leiden müssen. Es waren bayrische und württembergische Truppen, die da im Auftrag ihrer mit Napoleon verbündeten Herren um den Besitz dessen, was von der Abtei übriggeblieben war, kämpften.

An der ganzen Oberschwäbischen Barockstraße gibt es kein deutlicheres Zeichen dafür, worum es den selbsternannten „Erben" der Klosterherrschaften ging: Besitz, den man schröpfen konnte. Die Begründung ist bekannt.

Im Frieden von Luneville fielen Besitzungen deutscher Adliger an das Frankreich Napoleons. Also beschlossen die Herren auf dem in Permanenz tagenden Reichstag zu Regensburg, sich an den Klostergütern schadlos zu halten. Sie machten dabei ihre Verluste mehr als wett, die großen Fürstenhäuser, wie Baden, Württemberg oder Wittelsbach, haben die Gelegenheit zu regelrechter Bereicherung genutzt. Dabei setzten sie, ungewollt, sogar Zeichen schlechten Gewissens: in Wiblingen war es, nachdem der fette Braten unter den Fittichen von Württemberg gelandet war, bei Strafandrohung verboten, das ehemalige Kloster „Kloster" zu nennen. Die neuen Besitzer bestanden auf der Bezeichnung „Schloß". Nur das „Schloß" wurde recht bald als Kaserne bis zum Ende des zweiten Weltkrieges zweckentfremdet. Der Klosterhof eignete sich zudem vorzüglich als Exerzierplatz.

Das Kloster von Südosten aus zeigt die gewaltigen Dimensionen. Aber alles ist fein gegliedert und harmonisch. Eine Architektur, die – bei allem Hang zur Repräsentation – leicht und schwungvoll wirkt. Die Grundstruktur der Konventsbauten entwarf Christian Wiedemann, dem wir schon in Ochsenhausen begegnet sind. Wiedemann überwachte auch noch die Fertigstellung des Nordflügels, in dem sich die Bibliothek befindet. Er starb 1739, bevor dieses Meisterwerk ausgestattet werden konnte.

1750 begann Johann Michael Fischer die Bauarbeiten für den großen Ostflügel mit dem herrlichen Mittelrisalit als Blickfang. Der Bau des Südtrakts wurde durch die Säkularisation verhindert. Aber er wurde nachgeholt! Ein einmaliger Fall in der Baugeschichte des Barock: 1917, also mitten im ersten Weltkrieg, mußte die „Klosterkaserne" erweitert werden, und man hielt sich dabei an das Wiedemann'sche Konzept von 1714/32! Heute wird die Anlage von der Universität Ulm genutzt, der Südtrakt ist ein Altenheim.

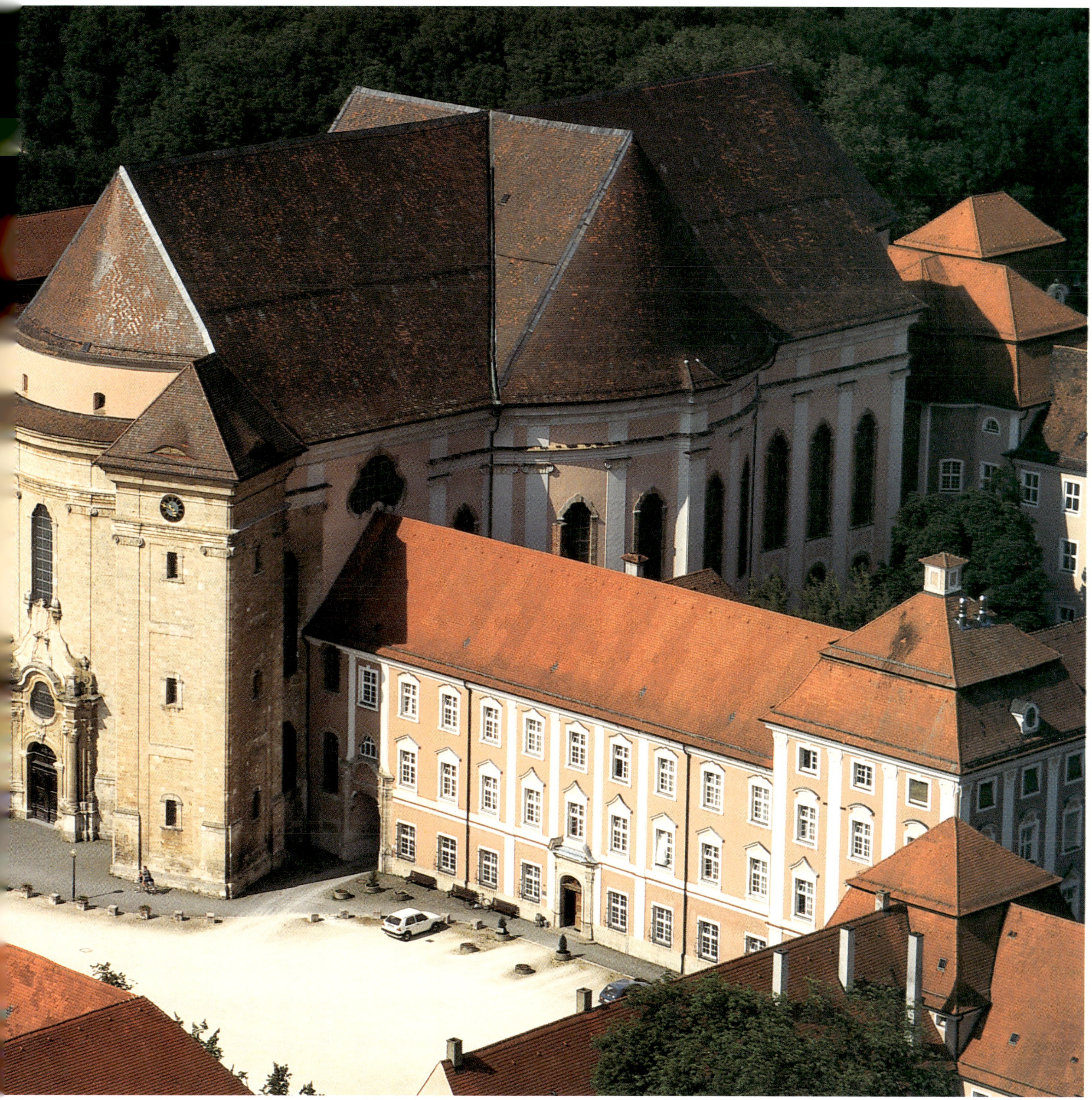

Will man ermessen, was wirklich in der 900jährigen Geschichte Wiblingens und all der anderen Benediktinerklöster geschehen ist, so sollte die Basis des ältesten Mönchsordens des Abendlandes ins Gedächtnis gerufen werden: die Regula des Heiligen Benedikt von Nursia (heute Nurcia, Prov. Perugia). Darin wird zunächst einmal nicht weniger verlangt als ein Leben nach dem Evangelium. Dieses Leben sollte in einer den Regeln verpflichteten Gemeinschaft stattfinden, die ihrem Oberhaupt, dem Abt, zu Gehorsam verpflichtet ist. An oberster Stelle steht der Gottesdienst. Den Wirren der Völkerwanderung setzte Benedikt die stabilitas loci, die Ortsgebundenheit der Mönchsgemeinschaft, entgegen. Jeder soll seinen Fähigkeiten entsprechend arbeiten. Aus der antiken Philosophie übernommen ist das Prinzip des rechten Maßes, das alles andere als Mittelmäßigkeit meint. Aber gerade das macht die Benediktiner offen für die Persönlichkeit des einzelnen. Daher auch die Gastfreundlichkeit des Ordens. Die Vorschrift der lectio schließlich wurde zur Wurzel der Mönchsgelehrsamkeit, wir haben ihr unter anderem die Bewahrung der antiken Literatur zu verdanken, aber auch die „Erfindung" des abendländischen Schulwesens. Eine Hauptregel (conversatio morum) fordert schlicht das Streben nach Vollkommenheit, der Weg dorthin führt über zwei ebenso schlichte Aufforderungen: bete und arbeite – ora et labora!

Der Benediktinerorden war ab dem 12. Jahrhundert zum ersten Mal in höchstem Maße reformbedürftig, es sollte nicht das letzte Mal sein. In die Mönchsgesellschaften traten schließlich nicht die Dümmsten ein. Also waren diese Gemeinschaften recht bald erfolgreich und zwar nicht nur, was die Evangelisierung Europas anging, sondern auch wirtschaftlich und damit politisch. Wessen Charakter da nicht sehr gefestigt und auf die Nachfolge Christi auf Erden ausgerichtet war, der erlag eben früher oder später den Verlockungen des Geldes und der Macht.

Die filigrane Kehrseite des wuchtigen Frontispizes: Glanzpunkt der Wiblinger Ostfront ist der spätbarocke Risalit von Johann Michael Fischer.

In der Geschichte Wiblingens wird dieser Konflikt vielleicht noch ein wenig deutlicher als anderswo. Wiblingen war keine Reichsabtei, war auch kein vorzugsweise vom Adel mit Nachwuchs versorgtes Kloster. Man kann also verfolgen, wie Männer aus dem Volk im Lauf der Jahrhunderte mit der Macht, dem Besitz, dem Evangelium und den Regeln Benedikts umgegangen sind.

Die Stiftung ging selbstverständlich von Adligen aus – wer sonst hätte im Jahr 1093 auch die Mittel dazu haben sollen (es sei denn der Abt eines schon bestehenden Konvents, der ein Tochterkloster gründen wollte). Dabei gingen die Grafen Otto und Hartmann von Kirchberg ziemlich raffiniert ans Werk. Um sich den Zugriff auf ein vom deutschen König unabhängiges Territorium zu verschaffen, unterstellten sie ihre Besitzung Wiblingen mit der Gründung des Klosters direkt dem Papst und zwar unter Umgehung des eigentlich zuständigen Konstanzer Erzbischofs.

Schenkungen und Privilegien häuften sich, das Wohlleben der Mönche machte Fortschritte. Unter Abt Johann Amann (1427-32) beschloß der Konvent sogar, den Klosterbesitz untereinander aufzuteilen und sich ins Privatleben abzusetzen. Aber dem Nachfolger Amanns, Ulrich Halblützel gelang es, wieder Disziplin herzustellen. Halblützel war Anhänger einer benediktinischen Reformbewegung, die von der Abtei Melk an der Donau ausging.

Um 1500 starben die Kirchberger aus, sie hatten aber ihre Grafschaft an Herzog Georg von Bayern (den Reichen) verkauft. Dessen Erben überschrieben das Herrschaftsgebiet der Kirchberger an Kaiser Maximilian, der es in seiner notorischen Geldnot 1507 den Fuggern als Pfand gab. Bis 1701 kämpften die Mönche vor den Gerichten des Reichs um ihre Unabhängigkeit von der „Schutzvogtei" der Fugger. Dann endlich brachte ein Vergleich die begehrte Freiheit und dazu die vollständige Gerichtshoheit. Die Fugger wurden mit drei Klosterdörfern entschädigt. Wiblingen war damit zwar keine Reichsabtei, aber was die Souveränitätsrechte des Abts auf eigenem Boden anging, gab es keinen Unterschied zu Weingarten oder Kempten.

So erlebte die Abtei im 18. Jahrhundert wieder eine Blüte, das Schulwesen und die Pflege der Wissenschaften brachten Ansehen und einen gewissen wirtschaftlichen Aufschwung. Also kam es auch hier zu jener Baueuphorie mit politischen Zielen. Man begann 1714 mit dem Konventsgebäude, am 22. Oktober 1781 konnte Abt Roman Fehr die neue Kirche einsegnen. Dazwischen lagen die Regentschaften von drei Äbten, Brandkatastrophen, Überschwemmungen, eine massive Einmischung des Hauses Österreich in die Abtswahlen, ein heftiger Künstlerstreit zwischen dem Baumeister der Kirche, Johann Georg Specht, und dem genialen Gesamtausstatter des Gotteshauses, Januarius Zick.

Es kam zu einem schrecklichen Vorfall, der die geistig-moralische Zerissenheit dieser Zeit in einer Person sichtbar machte: die Rede ist von eben jenem Roman Fehr, der Wiblingen von 1768 bis 1798 regierte. Ein gelehrter Herr, der an der Formensprache des Empire Gefallen gefunden und somit geistig die Ästhetik des Barock überwunden hatte.

Von Osten und Westen vermittelt der Riesenkomplex der Abtei Wiblingen den Anblick völlig unterschiedlicher Architektur. Das Frontispiz im Westen mit dem Hauptportal der Kirche ist monumental, ein Ausdruck unumstößlichen Herrschaftswillens. Die steinerne Fassade mit den gedrungenen Turmstümpfen war stummer Zeuge der Schlacht von Silvester 1805. Ihr Architekt, Johann Georg Specht aus Lindenberg, wurde 1777 nach dem Richtfest für die Kirche verstoßen und fortgeschickt. Abt Roman Fehr gab dem wendigeren, moderneren Januarius Zick das Heft in die Hand.

Zwei Seelen lebten in seiner Brust: die des feinsinnigen und dem Fortschritt geneigten Kunstkenners und die des erbarmungslosen Eiferers und Machtmenschen. Als Roman Fehr Abt wurde, war er 40 Jahre alt. Er stammte aus Laupheim und war mit dem Heiligen Fidelis von Sigmaringen verwandt. Vielleicht hatte er auch etwas von dessen Unduldsamkeit. In dem Streit zwischen dem Baumeister der neuen Kirche, Johann Georg Specht, und Januarius Zick ergriff er für Zick und damit für die klassizistische Innenausstattung des gewaltigen Raums Partei. Das Portrait hängt in der Nische, in der der Altar mit dem Kreuzpartikel steht.

Das Galgenfeld von Wiblingen

Ausgerechnet dieser Mann führte den letzten Ketzerprozeß in Oberschwaben. Das Opfer war ein Jurastudent aus Ehrenstein namens Joseph Nickel. Der hatte sich in einem Wirtshaus in dem Klosterdorf Söflingen ungebührlich über die unbefleckte Empfängnis Mariens geäußert. Als Nickel später die Klosterbrauerei besuchte, ließ ihn der Abt verhaften. Nach kurzem Prozeß wurde der unglückliche junge Mann am 1. Juni 1776 enthauptet, sein Leichnam verbrannt, die Asche in die Iller gestreut. In der benachbarten freien Reichsstadt Ulm ging die Kunde von der „papistischen Barbarei" wie ein Lauffeuer um. Der schwäbische Freiheitsdichter Daniel Schubart, der mit Nickel bekannt war, berichtete, er habe sich daraufhin nicht mehr aus der Stadt gewagt und danke Gott, nicht auch „diesen Bluthunden" in die Hände gefallen zu sein. So hatte in der Figur Fehrs ein ganzes System moralisch abgewirtschaftet, dessen Verhängnis in der Vereinigung von geistlicher und weltlicher Macht in einer Hand lag. Denn der Vollstreckungsbefehl an den Henker kommt in der Regula des Benedikt von Nursia nicht vor.

Es war üblich, die Richtstätten außerhalb der Ortschaften zu legen. Noch heute künden die Flurnamen wie „Galgenfeld" davon. Der Ort, an dem der unglückliche Joseph Nickel zu Tode gebracht wurde, liegt noch vor der modernen Schlafstadt. Der Rat der freien Reichsstadt Ulm hat übrigens versucht, gegen die Hinrichtung zu intervenieren, aber ohne Erfolg. Das Verhältnis zwischen dem protestantischen Ulm und der katholischen Klosterherrschaft war ohnehin die meiste Zeit gespannt. Bezeichnend war auch, daß just im Jahr dieses letzten „Ketzerprozesses" Christian Friedrich Daniel Schubart in Ulm für kurze Zeit Asyl gefunden hatte. Der Herausgeber und Autor jener – der Obrigkeit so verhaßten – „Teutschen Chronik" hat dabei die Bekanntschaft Nickels gemacht. 1777 ließ Herzog Karl Eugen von Württemberg Schubart nach Blaubeuren locken und verhaften. Zehn Jahre hat der Dichter auf dem Hohenasperg im Kerker verbracht, ohne daß ihm der Prozeß gemacht wurde. Auch protestantische Herren waren nicht zimperlich, wenn es um die Unterdrückung der freien Meinung ging.

Wiblingen. Kirche. Das Stifterbild

Januarius Zick hat an die Decke des Vorraumes der Kirche jene Szene gemalt, die die Grundlage zur Bedeutung Wiblingens als Wallfahrtsort legte: die Grafen Hartmann und Otto von Kirchberg sind von einer Pilgerreise in das Heilige Land zurückgekehrt in ihr Kloster „guibelingo" – so hieß Wiblingen im Jahre 1093. Sie übergeben dem ersten Abt Werner von Ellerbach (er kam wie seine Brüder aus St. Blasien) einen Kreuzpartikel. Hier zeigt sich Zick schon im Kirchenvorraum, noch bevor man das Hauptschiff betritt, als Meister glänzender Historienmalerei.

Die Kirche hat innen einen völlig anderen Charakter als außen. Der Unterschied entsteht durch zwei gegensätzliche Stile. Außen herrscht monumentaler Barock, innen die aus Frankreich kommende Klarheit des Empire, das in Deutschland den Namen Klassizismus bekam. Die komplette Innenausstattung ist aus einem Guß, sie stammt bis ins Detail aus der Hand Zicks. Bis heute ist nicht völlig klar, wie er den Bauherrn Abt Fehr dazu brachte, ihn als „Bau- und Verziehrungsdirektor" einzusetzen. Zick hatte zwar einen guten Namen als Maler – vor allem von Tafelbildern –, aber als Architekt, Bildhauer oder Stukkateur war er ein völlig unbeschriebenes Blatt. Und doch hat er diesen Raum völlig geprägt. Die Fresken und das große Altarblatt hat er eigenhändig ausgeführt. Stuckplastiken und Dekorstücke wurden nach seinen Zeichnungen angefertigt. Wiblingen sollte zum Hauptwerk des letzten deutschen Großmalers im 18. Jahrhundert werden.

Januarius Zick fehlte es wahrlich nicht an Selbsbewußtsein. Optisch auf gleicher Stufe hat er seine Porträtvignette mit denen der wichtigsten Klosterherren (Abt, Prior, Cellerarius) in den goldenen Rand der großen Kuppel gemalt.

Noch heute wird sein Auftritt in Wiblingen zwiespältig bewertet. Nicht was seine künstlerische Leistung anging, sondern sein Verhalten als Mensch und Konkurrent. Dabei mag einiges durch wechselnde Parteinahmen durcheinander geraten sein. Briefe belegen, daß er von Baumeister Johann Georg Specht nicht viel hielt, ja er sprach ihm glatt ab, ein Architekt zu sein. Am 3. Mai 1778 hat Zick in Wiblingen seine Arbeit aufgenommen, sie sollte ihn drei Jahre lang beschäftigen. Er muß Himmel und Hölle in Bewegung gesetzt haben, um den Großauftrag zu bekommen. Abt Roman Fehr versprach er, eine „Kürchen in andickem grichischen Geschmack anzulegen". Der Abt ist darauf eingegangen.

Zick war zu dem Zeitpunkt 48 Jahre alt. Seine besten Werke sind bis dahin Ölbilder. In jungen Jahren war er ein glühender Anhänger Rembrandts. Das ging so weit, daß er in seinem Gemälde „Christus und der Hauptmann von Kapernaum" von 1753 das wuschelköpfige Selbstporträt des jungen Rembrandt von 1630 zitierte. Daß er einer Malerfamilie entstammte, wissen wir schon. Geboren wurde er am Herkunftsort seines Vaters, in München. Ihre künstlerische Heimat hatten die Zicks aber am Hof der Trierer Kurfürsten. Der Vater hat einiges in Oberschwaben gearbeitet, so hat der junge Januarius in Schussenried den Meister Jakob Emele kennengelernt. Mit der Grausamkeit des Lebens wurde er bekannt, als sein elfjähriger Bruder in der Pfarrkirche von Altdorf-Weingarten vom Gerüst zu Tode stürzte. Januarius Zick wurde 67 Jahre alt.

Das riesige Kuppelfresko ist nicht nur, wie bei Zick üblich, virtuos gemalt, es erzählt auch etwas über die Maltechnik. Man kann mit bloßem Auge erkennen, wie das Orientierungsraster in den Verputz gekratzt worden ist. Diese Linien verlaufen wie Längen- und Breitengrade auf einem Globus. Wirklich beurteilen kann man die Leistung des Malers erst, wenn man einmal auf dem obersten Sims gewesen ist, das Kuppel und Gewölbe von den Wänden trennt. Sogleich wird klar, daß das Freskieren auch eine gewaltige körperliche Anstrengung war. Und daß die Orientierung ohne Raster oder nachgepauste Kartons in Originalgröße völlig unmöglich ist.

Südliche Seitenempore. Maria Magdalena wird in den Himmel aufgenommen

Der überlebensgroße spätgotische Gekreuzigte stammt aus dem Ulmer Münster. Er wurde in den ersten Wirren der Reformation vor Bilderstürmern gerettet und nach Wiblingen gebracht. Dort stand und steht er zurecht im Zentrum des Verehrung. Durch die Kreuzreliquie war Wiblingen immer eine dem Kreuz geweihte Kirche. Im Bildprogramm der Fresken dominieren folgerichtig Ereignisse um das Kreuz.

Vielleicht das schwungvollste Bild in Wiblingen ist die Himmelfahrt Maria Magdalenas. Sie wird am Ende ihres Lebens von den Engeln emporgetragen. Malerei, in der Musik zu stecken scheint.

Januarius Zick ist zur Leichtigkeit des Rokoko ohne Abstriche fähig. Er hat in seinem Leben dem jeweiligen Zeitgeschmack entsprechend mehrmals malen gelernt. Und dieses Bild weist darauf hin, daß er einen ganz großen Meister der europäischen Malerei als siegreichen Konkurrenten seines Vaters Johann erlebt hat: 1749/50 malte Johann Zick den Gartensaal der Würzburger Residenz aus. Als sich der alte Zick dann um die Arbeiten im Kaisersaal bewarb, wurde ihm der Venezianer Giambattista Tiepolo vorgezogen. Für den damals 20jährigen Januarius mag das ein Ansporn gewesen sein, seinen Vater und ersten Lehrmeister zu überflügeln.

Zicks Selbstportrait am Rand der großen Kuppel

Deckenfresko. Die
Kreuzerhöhung

Die Erhöhung des Kreuzes im wiedereroberten Jerusalem ist der triumphale Endpunkt aller Legenden um die Wiederauffindung des zentralen Symbols der Christenheit. Zick malte in der Hauptkuppel über der Vierung die Stationen der sogenannten Herakliuslegende. Dieser byzantinische Kaiser (575-641) hatte das Kreuz von dem Perserkönig Chosroas erobert. Heraklius versuchte, das Kreuz in vollem Ornat in die heilige Stadt zu tragen, aber plötzlich waren alle Tore verschlossen. Erst als er im Büßerhemd und barfuß kam, gelang sein frommes Vorhaben.

Es ist wirklich so, daß jedes Stückchen Dekor in diesem Raum dem Zeichenstift Januarius Zicks entsprungen ist. Unverkennbar ist der französische Einfluß. Kein Wunder, Zick war 1755 in kurfürstlich-trierischem Auftrag nach Paris gereist und übernahm dort einige Aufträge. Er trat in den Kreis des Kupferstechers und Kunsthändlers Johann Georg Wille und bekam so Kontakt zu Jean Baptiste Geuze und Francois Boucher. Das sollte aber nicht seine einzige Auslandsreise bleiben. Ein längerer Aufenthalt in Basel ist verbürgt und selbstverständlich war er im Mekka der deutschen Künstler, in Italien.

Heute, so mußte ich zuweilen erfahren, zählt das nicht mehr viel, aber es läßt sich auch nichts mehr daran ändern: Ich bin noch in eine altmodische Schule gegangen, das Benediktiner-Stiftsgymnasium St. Paul in Kärnten. Dort sind übrigens einige der säkularisierten Mönche von Wiblingen gelandet und beinahe alle St. Blasier, mitsamt ihren großen Kunstschätzen und Archivalien, über die das Badische Landesmuseum in Karlsruhe so froh wäre. Mein Gymnasium war ein „humanistisches", den feinen Unterschied zwischen großem und kleinem Latinum durfte ich erst in Deutschland lernen. Man lernte Latein und Griechisch und damit basta. In der Oberstufe war zeitweise einer der beliebtesten Diskussionsstoffe die Spekulation, wer wohl in Europa der letzte gewesen sein könnte, der das Wissen seiner Epoche in seinem Gehirn versammelt hatte. Die Favoriten dieses Spiels hießen meist Leibnitz, Goethe und Humboldt. Aber selbst unter unseren Lehrern herrschte darüber kein Einvernehmen. Gar kein Zweifel aber bestand darüber, daß die klassische Antike ebenso zu unserem Weltbild gehörte wie das beinahe 2000 Jahre alte Christentum.

Das waren etwa meine Assoziationen, als ich zum ersten Mal die Klosterbibliothek von Wiblingen betrat.

Das Weltbild des Jahrhunderts in einem Raum, der Klosterbibliothek von Wiblingen. Der Raum ist kleiner, dunkler und intimer als sein späteres Gegenstück in Schussenried. Und er versucht ganz ernsthaft noch einmal – zum allerletzten Mal? – ein geschlossenes Weltbild darzustellen, in dem sich die Welt der Antike und das Christentum zu gleichen Teilen gegenüberstehen. Als es um die Regel Benedikts ging, haben wir ja von der Pflicht zur „lectio" gehört. Und es ist in der Tat so, daß wir ohne das fleißige Studieren und Abschreiben der Mönche nicht einen Bruchteil der Schätze klassischer antiker Literatur besäßen.

Auf dem schön gemusterten Steinboden stehen im Raum verteilt, in bestem Einklang mit den Säulen für die Galerie, die Allegorien der klösterlichen Tugenden und der Wissenschaften – auch der Naturwissenschaft! Das wäre noch nicht ungewöhnlich, obwohl diese Alabasterstuckarbeiten von Domenicus Hermengild Herberger sehr schön sind. Das schon angesprochene Weltbild aber ist das Deckenfresko von Franz Martin Kuen.

Die Längsachse der Klosterbibliothek von Wiblingen und damit auch des Deckengemäldes verläuft in Ost-Westrichtung. Daraus ergeben sich zwei langgestreckte Malflächen in der flachen Wölbung, die sich gegenüberstehen: Die südliche zeigt Sujets aus der Antike, die nördliche aus dem Christentum. Die Schmalseiten des Freskos im Osten und im Westen kann man auch als Gegenüberstellung begreifen: der Beginn der sündigen Menschheit, mit Adam, Eva und der Schlange wird am entgegengesetzten Ende mit der Mission der Benediktiner in den neu entdeckten Erdteilen konfrontiert. Das kann man so deuten, daß der Ausweg aus der Sünde für die ganze, nun erweiterte Menschheit nur in der Mission, also der Bekehrung zum rechten Glauben zu sehen ist.

Auf den dominanten Längsseiten stehen sich nicht nur ganz allgemein die Antike und das Christentum gegenüber, man kann die gegenüberliegenden Sujets durchaus als komplementäre Paare begreifen. Daß bei aller Bewunderung für die klassische Antike dabei das Christentum immer den moralischen Sieg davonträgt, ist nicht verwunderlich. Der Maler macht das noch mit einem technischen Kunstgriff deutlich: die Bilder der Antike erhalten nur durch die nördlichen Fenster Licht, die Szenen aus der Christenheit aber werden durch die südliche Fensterfront des Saales erhellt. Im einzelnen stehen sich gegenüber:

Diogenes von Sinope, der, von Alexander dem Großen zu einem Wunsch aufgefordert, antwortet: „Geh' mir aus der Sonne!" Und der mächtige Mann muß eingestehen: „Wäre ich nicht Alexander, ich wollte ich wäre Diogenes". Das war in den Augen des benediktinischen Programmschreibers für dieses Fresko sicher eine hübsche Anekdote der abendländischen Philosophiegeschichte. Aber die Menschheit bringt das nicht weiter. Und was sollte eigentlich von so einem Machtmenschen wie Alexander zu erwarten gewesen sein, welche Perspektive hatten seine Eroberungen? So einen bloßzustellen, dafür reichte der feine Zynismus des Diogenes, der ja bekanntlich einmal am hellichten Tag mit einer Laterne durch Athen gegangen ist, um Menschen zu suchen.

Die Zahl der Darstellungen der berühmten Szene im Paradies geht in die Hunderttausende. Aber diese Version Kuens ist ein köstliches Unikum: der Verführer Luzifer in Gestalt der Schlange trägt den Engelskopf! Nun kann man deutlich sagen, auch Luzifer war einmal ein Engel. Gemeint ist jedoch die Süße und Verfänglichkeit der Verführung. Wer wußte darüber besser Bescheid als Mönche im Barock.

Dem gegenüber setzt ein christlicher Herrscher schon Bedeutenderes in Szene: Ferdinand von Kastilien sendet 1493 die Benediktiner des Klosters Montserrat unter der Führung ihres Abtes Buiell nach Amerika. Der König weiß genau, was er will, nämlich die Ausbreitung der christlichen Religion über die neue Welt. Die Mönche haben keine spitzfindigen Spielchen mit Laternen am hellichten Tag nötig. Sie sind mit Eifer und Ernst dabei, die neue Welt und den Weg dorthin kartographisch zu erfassen.

Als nächstes Paar stehen sich gegenüber: die neun Musen der Antike und die sieben Gaben des Heiligen Geistes, auch hier darf man sicher sein, daß letztere im Weltbild der Mönche einen höheren Stellenwert hatten. Aber die Musen sind als Verkörperungen der Kunstfertigkeiten von den Benediktinern sicher geschätzt worden, vermutlich mit Ausnahme der Erato, der Muse der erotischen Poesie.

Um einen Jünger eben dieser Erato dreht sich die nächste Szene auf der heidnisch-antiken Seite: Augustus verstößt den Dichter Ovid in die Verbannung nach Tomi am Schwarzen Meer. Über die wirkliche „Schuld" des Publius Ovidius Naso werden bis in unsere Gegenwart kluge und faszinierende Bücher geschrieben. Wir dürfen sicher sein, daß die brillanten Lateiner unter den Benediktinern da auch zu differenzierter Deutung fähig waren.

Worin bestand die wirkliche „Frivolität" Ovids? In seiner erotischen Lyrik? Oder eher darin, daß er den Wandel als das einzig Beständige auf dieser Welt erkannte und diese Erkenntnis zur Kernaussage eines der schönsten Werke der Weltliteratur machte? Der Imperator, der ja nicht dumm war, hat dies sehr genau verstanden und auch, daß darin ein elementarer Angriff gegen seinen Anspruch auf Gottgleichheit lag. Vordergründig wird auf dem Bild ein lasziver Sünder bestraft, und der Imperator Augustus, „Ahnherr" auch der römischen Kaiser deutscher Nation, gibt eine kleine Probe seiner Macht.

Das Bild gegenüber geht an die Wurzeln des christlichen Abendlandes: Papst Gregor I., der Große, sendet 596 den Abt des römischen Andreas-Klosters, Augustinus, mit vierzig Mönchen nach Britannien, um die Angelsachsen zu christianisieren. Da ist es wieder, das Missionsmotiv. Die Bekehrung der Menschheit steht zuvorderst. Aber noch etwas kann man aus den beiden Bildern herauslesen: Der Imperator Augustus konnte selbst wohl seine Moral in jedem Einzelfall durchsetzen. Der Papst aber unternimmt konkrete Schritte für das Seelenheil der Welt. Dabei sollte allerdings nicht vergessen werden, daß gerade Gregor I., der selbst aus dem Benediktinerorden kam, sich bemühte, zwischen der geistigen Welt der Antike und dem Christentum zu vermitteln.

Klosterbibliothek. Deckenfresko. Ferdinand von Kastilien sendet Mönche nach Amerika

Deckenfresko. Detail: Zwei Mönche kartographieren die Neue Welt

Selbstbildnis des Franz Martin Kuen hinter Alexander dem Großen

Franz Martin Kuen war 25 Jahre alt, als er sein Selbstporträt hinter den großen Alexander malte. Er stammte aus Weißenhorn im heutigen Regierungsbezirk Schwaben. Seine Malkunst erlernte er in Augsburg bei Johann Georg Bergmüller. Das Fresko in der ovalen Hängekuppel der Wiblinger Bibliothek hat er mit „Franc Martinus Kuen pinx. Ano 1744" signiert. Nicht weit von Wiblingen kann man in der Erbacher Schloßkirche sein Alterswerk besichtigen, eine Darstellung der Ereignisse um die Seeschlacht von Lepanto. Leider ist der ganze Innenraum dieser Kirche stark renovierungsbedürftig.

Das ganze Fresko ist zudem ein glänzendes Beispiel dafür, wie im Barock simultan gedacht wurde. Wie lange einzelne Ereignisse vergangen waren, spielte keine große Rolle. Wesentlich war ihre propagandistisch nutzbare Substanz. In dem Sinn konnte es auch nur hilfreich sein, die Gestalt und Kleidung historischer Figuren der Vorstellungswelt der Zeitgenossen anzupassen. Jeder sollte seine Rolle oder seine Betroffenheit in den bildlichen Gleichnissen erkennen können – und zwar hier und jetzt. Außerdem finden in einem fertigen Bild ohnehin immer alle dargestellten Dinge gleichzeitig statt. Insofern hatten Bilder den Charakter des Festgefügten – zumindest im Augenblick der Betrachtung. Mit den Weltbildern verhielt es sich nicht anders. Solche Bilder eröffnen uns heute Lebenden zudem Raum für eigene, schöpferische Gedankenspiele. Dazu zwei Beispiele:

Es gibt einige Möglichkeiten, die berühmte Szene zwischen Diogenes und Alexander dem Großen zu deuten. Da wäre zunächst das Lob des bescheidenen Lebens, das sich auch nicht von der Gunst der Mächtigen korrumpieren läßt. Andererseits gilt Diogenes als der eigentliche Begründer der Philosophenschule des Kynismus (aus der wir den Zynismus gemacht haben), die aus der Position radikaler Bedürfnislosigkeit radikale Kritik an den gesellschaftlichen Konventionen übt und zwar bis zur glatten Verachtung des gutbürgerlichen Anstands. So besehen ist ein Benediktiner im Faß des Diogenes nicht denkbar. Die Benediktiner waren ein reicher Orden, der sich im Lauf seiner langen Geschichte überwiegend mit den Herrschenden arrangiert hat, dem nichts fremder war als „zynische" Radikalopposition.

Die Missionsszene mit Ferdinand von Kastillien kann man auch so betrachten: Vor einem Jahr hat Christobal Colon die Neue Welt betreten und nun, 1493, sorgt König Ferdinand dafür, daß die Mönche von Montserrat den Heiden das Licht des Evangeliums bringen. In Wirklichkeit war die spanische Krone an ganz anderen Dingen interessiert und ungewollt deuten das die zwei Mönche mit Zirkel und Landkarte auch an: mehr Land, mehr Besitz und vor allem viel mehr Gold. Gesucht waren ja nicht die fremden Völker, denen man mit der Evangelisierung Gutes tun wollte, gesucht war Eldorado.

Selbstverständlich ließen die Benediktiner von Wiblingen Franz Martin Kuen auch die Menschen darstellen, die zu missionieren die Mönche in die Neue Welt gezogen sind. Das wirkliche Schicksal der „Indianer" hat sie aber nicht im geringsten gekümmert, obwohl die gelehrten Herren des 18. Jahrhunderts darüber Bescheid wissen mußten. Bartholomäus de las Casas mit seiner Anklage gegen das himmelschreiende Unrecht an den Ureinwohnern der Neuen Welt hatte im Weltbild dieser, im Herzen Mitteleuropas selbst regierenden Mönche keinen Platz. Da herrscht nur eitel Freude an vordergründiger Exotik. Alle Darstellungen dieses Typs können nur den Respekt vor der Leistung des Andreas Etschmann im Chorgestühl des Kapitelsaales von Obermarchtal fördern.

Bis zu seinem Tod, am 21. September 1739, war Christian Wiedemann aus Elchingen der Baumeister der Wiblinger Klosterbibliothek. Den Abschluß der Arbeiten leitete sein Sohn Johann. Der Raum strahlt Festlichkeit und Intimität aus. Die Bibliothek sollte ein „sedes sapientiae" sein, ein Sitz der Weisheit, einer Weisheit im Geist der Scholastik, die wie eine Festung gegen die um sich greifende Aufklärung verteidigt werden mußte.

Mönchsgelehrsamkeit war nie l'art pour l'art, sie hatte immer etwas zu verteidigen, zu untermauern und das Rüstzeug zu liefern für den Sieg des einzig wahren Glaubens. Das Schicksal des Bücherbestandes der Wiblinger Bibliothek ist dem der anderen Klosterbibliotheken sehr ähnlich. Als erstes bedienten sich „bibliophile" napoleonische Offiziere, dann verramschten die Wittelsbacher einen Teil ihrer kulturellen Beute, den Rest übernahm das Haus Württemberg.

Es gibt Allegorien von unwandelbarer Aktualität. Eine davon steht unter den Figuren aus Alabasterstuck der Wiblinger Bibliothek: Chronos, der Gott der Zeit, versucht, aus dem goldenen Buch der Geschichte eine Seite herauszureißen, aber Klio, die Muse der Geschichtsschreibung, versucht, ihn daran zu hinden.

Bis heute wissen wir nicht, wer von den beiden siegen wird.

Chronos mit dem
Buch der Geschichte

Die Oberschwäbische Barockstraße

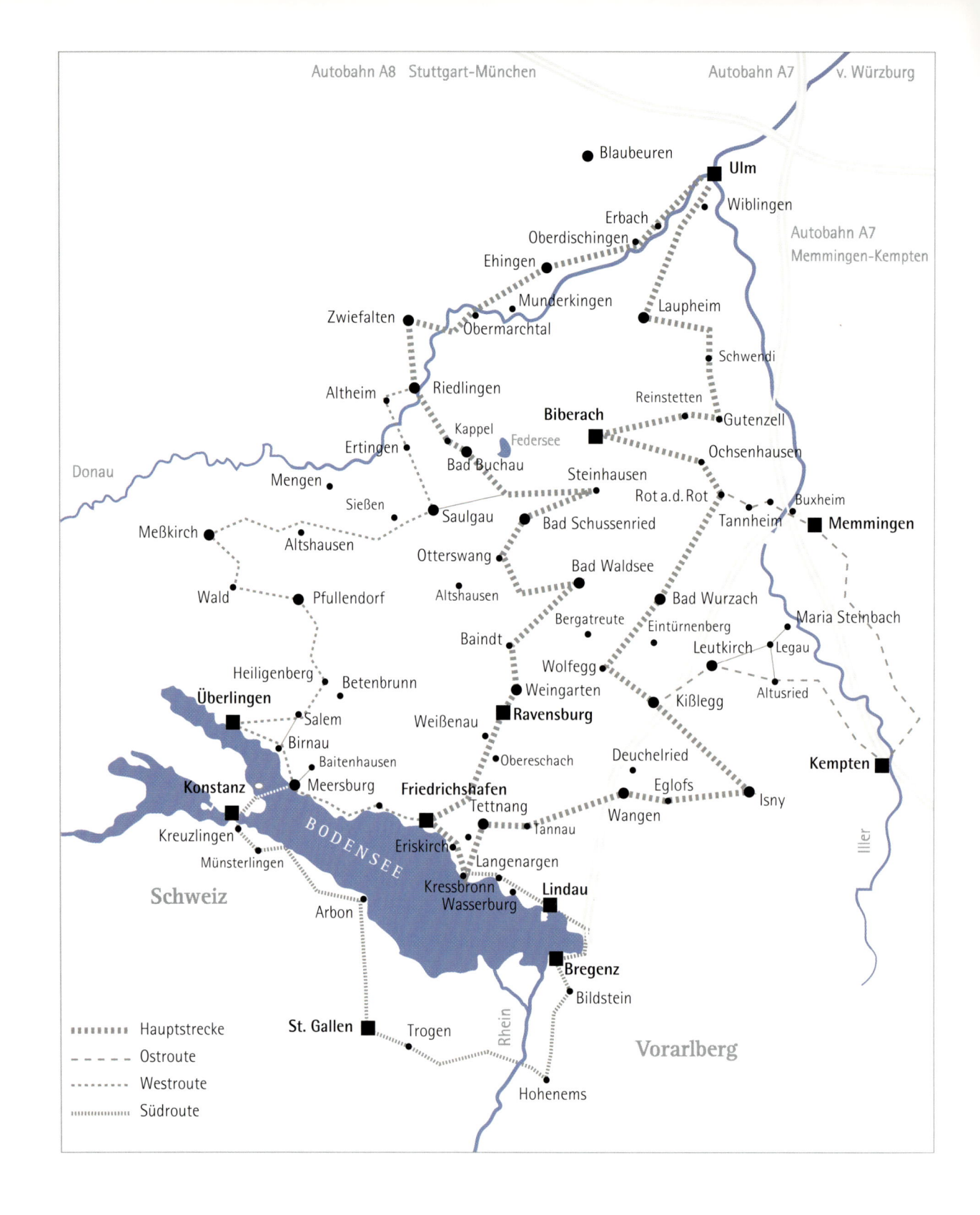